KB261975

스콧 켈비의 라이트룸 모바일 활용 방법

스콧 켈비 지음 | 홍성희 옮김

정보문화사
Information Publishing Group

스콧 켈비의
라이트룸 모바일 활용 방법

초판 1쇄 인쇄 | 2017년 2월 5일
초판 1쇄 발행 | 2017년 2월 10일

지 은 이 | 스콧 켈비
옮 긴 이 | 홍성희
발 행 인 | 이상만
발 행 처 | 정보문화사

책 임 편 집 | 최동진
편 집 진 행 | 노미라

주   소 | 서울시 종로구 대학로 12길 38 (정보빌딩)
전   화 | (02)3673-0037(편집부) / (02)3673-0114(代)
팩   스 | (02)3673-0260
등   록 | 1993년 8월 20일 제1-1013호
홈 페 이 지 | www.infopub.co.kr

I S B N | 978-89-5674-732-3

이 책을 지구상에서 가장 멋진 사람들 중
한 명이며, 나의 소중한 친구이자 동료인
데이빗 클레이튼에게 바칩니다.

저자의 글

이 책의 저자는 한 명이지만 헌신적이고 재능있는 동료들이 없었다면 이런 프로젝트를 완성할 수 없었을 것이다. 그들과 함께 일하는 것은 큰 즐거움이며 그들에게 감사할 기회를 가지게 된 것 또한 영광으로 생각한다.

훌륭한 아내 칼레브라에게 비결이 뭔지 모르겠지만 당신은 매년 더 아름다워지고, 더 배려심이 깊어지고, 더 관대해지며, 더 유쾌해지고, 27년 동안 해가 갈수록 나를 더 사랑에 빠지게 하고 있어. 내가 당신에게 느끼는 감정과 당신이 내 아내여서 얼마나 감사한지 표현할 수 있는 단어가 이 세상에는 없지만 내가 가진 것은 언어뿐이기 때문에 꼭 전하고 싶어. 세상에서 가장 운이 좋은 남자로 만들어 줘서 고마워.

멋지고 재미있는 아들 조던에게 예전에 책을 썼을 때 네가 어떤 아빠든지 탐낼만한 가장 멋진 아들이라고 썼었지. 지금은 대학생이 되어서 타지에 있는 네가 더 이상 작은 소년은 아니지만 아직도 가장 멋진 아들이라는 점에는 변함이 없어. 네가 이 글을 읽지 않는다는 것도 알지만 네가 자랑스럽고, 너의 아빠라는 사실이 기쁘고, 동생에게 좋은 오빠가 되어 주어 고맙다고 쓸 수 있다는 것만으로도 나에게는 큰 의미란다. 네가 태어난 날이 엄마와 나에게는 진정으로 축복받은 날이야.

아름다운 딸 키라에게 엄마를 빼닮았다는 말은 너에게 해줄 수 있는 최고의 찬사야. 너는 엄마의 다정함과 아름다운 미소를 가졌으며, 엄마와 마찬가지로 아름다운 마음을 가지고 있지. 엄마가 특별한 사람이란 사실을 이미 너도 깨닫기 시작했을 거야. 즐겁고 흥미진진하고 사랑과 모험이 가득 찬 인생이 네 앞에 기다리고 있다고 장담한단다. 네 아빠라는 것이 정말 자랑스러워.

형 제프에게 사람들이 자신의 형을 단순히 나이가 많기 때문에 우러러보는 경우가 많지. 하지만 나는 그보다 더 의미 있는 존재로 형을 생각해. 형은 내게 또 다른 아버지와 같은 사람이야. 항상 내 뒤를 돌봐주고, 현명하고 사려 깊은 조언자가 되어 주고, 아버지처럼 자신보다 나를 더 생각해주기 때문이야. 형의 한없는 관대함, 우정, 긍정적인 사고방식 그리고 겸손함은 내 인생에 영감을 주는 원동력이야. 형의 동생 그리고 평생지기가 된 것을 영광으로 생각해.

켈비 원(Kelby One) 스태프들에게 여러분은 즐겁게 일할 수 있는 원동력이야. 사무실을 들어설 때마다 여러분들이 뿜어내는 창의력이 우리가 하는 일을 더 즐겁게 만들지. 아직도 우리가 어떻게 불가능한 마감일을 맞추고, 항상 침착하고 긍정적으로 대처하는지 놀라울 뿐이야. 여러분은 정말 최고야!

에릭 쿠나에게 나의 짐을 나누어 지어주고 우리가 바른 일을 바른 방식으로 할 수 있도록 열심히 일해주어서 감사해.

편집장 킴 도티에게 나의 저서들을 편집하고 이끌어주는 편집장으로 당신과 함께 일하게 된 것은 정말 최고의 행운이야. 이 책은 예상한 것보다 훨씬 더 긴 시간과 수고를 들여야 했지만 항상 긍정적인 태도와 미소를 잃지 않았지. 그런 자세가 나의 얼굴에서도 미소를 잃지 않도록 지켜주었기 때문에 감사하고 있어.

제시카 말도나도에게 나의 모든 저서의 표지와 레이아웃 그리고 디자인을 멋지게 만들어준 당신의 노고에 감사하다는 말로는 충분하지 않아. 당신의 디자인과 세심한 디테일을 정말 좋아해. 당신은 재능이 넘치고 함께 일하기에 즐거운 사람이며, 당신 같은 동료가 있다는 것은 나에게 큰 행운이야.

낸시 데이비스에게 피치핏 프레스의 편집장으로서 이전의 편집장에게 인계받은 일을 순조롭게 진행해주어서 고마워. 당신과 함께 일하는 것은 정말 즐거워.

소중한 친구이자 사업 파트너 진 A. 켄드라에게 오랜 세월 동안 나를 참아주고, 나의 말도 안 되는 아이디어들을 지지해줘서 고마워. 나에게는 큰 의미야.

비서 린 밀러에게 책을 집필할 시간을 가질 수 있도록 일정을 관리해줘서 고마워. 쉬운 일이 아니라는 것은 알지만 당신의 노고에 진심으로 감사하고 싶어. 당신이 우리 팀에 있다는 것은 큰 행운이야.

오랫동안 가르침을 주신 재능이 뛰어난 모든 사진가들에게 무스 피터슨, 조 맥날리, 빌 포트니, 조지 랩, 앤 카힐, 빈센트 베르사체, 데이비드 자이저, 짐 디비탈레, 팀 왈라스, 피터 헐리, 클리프 모트너, 데이브 블랙, 헬렌 글라스만, 몬티 주커에게 감사드립니다.

나의 멘토 존 그레이든, 잭 리, 데이브 게일스, 주디 파머, 더글러스 풀에게 더 나은 인생을 살도록 도와준 지혜와 충고, 그리고 우정과 지도에 감사드립니다.

무엇보다도 아내에게로 나를 이끌어주시고, 훌륭한 아이들을 가지게 해주시고, 내가 사랑하는 일을 직업으로 삼을 수 있도록 해주시고, 필요할 때 항상 힘을 주시며, 사랑하는 가족과 행복한 삶을 살게 해주신 하나님과 예수 그리스도에게 감사드립니다.

저자 소개

Scott Kelby

스콧 켈비는 잡지《포토샵 유저(Photoshop User)》의 편집장이자 공동 발행인으로, 사진가를 위한 주간 인터넷 생방송 토크쇼《더 그리드(The Grid)》의 공동 진행자이기도 하다. 그는 온라인 사진 교육 사업을 전문으로 하는 KelbyOne의 대표 이사이자 경영자이다.

사진가이자 디자이너인 스콧은 〈The Adobe Photoshop Lightroom Book for Digital Photographers〉, 〈Professional Portrait Retouching Techniques for Photographers Using Photoshop〉, 〈How Do I Do That in Lightroom?〉, 〈Light It, Shoot It, Retouch It: Learn Step by Step How to Go from Empty Studio to Finished Image〉, 〈The Digital Photography Book〉 시리즈를 포함한 80권 이상의 책을 집필했고, 여러 수상경력을 가지고 있다. 〈The Digital Photography Book, Vol. 1〉은 디지털 사진 관련 도서 중 역대 최고의 판매량을 기록했다.

스콧은 지난 6년 동안 사진 관련 분야의 베스트셀러 자리를 놓치지 않고 있다. 그의 저서들은 중국어, 러시아어, 스페인어, 한국어, 폴란드어, 프랑스어, 독일어, 일어, 네델란드어, 스웨덴어, 터키어, 포루투갈어 등 전 세계의 언어로 번역 출간되었다.

스콧은 어도비 포토샵 세미나 투어의 트레이닝 디렉터와 포토샵 월드 컨퍼런스 & 엑스포의 기술 의장이다. 또한 그는 KelbyOne.com에서 온라인 강좌를 제작하며 1993년부터 전 세계의 사진가들과 포토샵 사용자들에게 강의를 하고 있다.

블로그와 SNS에서 스콧 켈비에 대해 더욱 많은 정보를 얻을 수 있다.

블로그: http://scottkelby.com
트위터: @scottkelby
페이스북: www.facebook.com/skelby
구글+: Scottgplus.com

미리 알아두어야 하는 7가지 사항

1 다음 사항들을 읽지 않고 페이지를 넘긴다면 내용을 이해하지 못할 뿐 아니라 하드 드라이브도 손상될 것이다. 물론 거짓말이다. 하지만 책을 쓰는 저자들은 독자들이 읽지 않고 넘기려는 페이지들을 읽게 만들기 위해 이런 속임수를 쓴다. 이러한 서문을 끼워 넣는 이유는 저자들이 페이지 수대로 보수를 받기 때문이다. 하지만 그 이유뿐만이 아니라 독자들을 위한 책을 쓰기 때문이며, 책을 최대한 활용하는 데 도움이 되기 때문에 우리 모두에게 중요하다.

2 라이트룸 모바일을 처음 사용한다면 순서대로 읽는 것을 권장한다. 필자의 다른 저서들과 달리 이 책은 순서대로 읽는 것이 더 많은 도움이 될 것이다.

3 '진지한' 성격이라면 챕터 도입문은 건너뛰기 바란다. 각 챕터의 도입문은 본문의 내용과 연관성이 없으며, 엉뚱한 도입문을 쓰는 것은 필자만의 개인적인 전통이다. 이러한 도입문을 좋아하는 독자들도 있으며, 심지어 도입문만 모은 책을 출판하기도 했다. 도입문을 제외하면 나머지는 전부 기술적인 내용이다.

4 좋은 소식이 있다. 데스크톱 컴퓨터에서 라이트룸을 사용하고 있거나 라이트룸의 기능들에 대해 약간의 지식을 가지고 있다면 라이트룸 모바일 버전의 사용법을 훨씬 쉽게 익힐 수 있다. 모바일 버전은 데스크톱 버전의 기능들과 동일한 기능들을 다수 가지고 있으며, 단지 완전히 다른 인터페이스를 사용할 뿐이다. 이 책은 라이트룸 모바일 버전의 작업 과정을 소개하는 내용을 담고 있으므로 쉽게 이해할 수 있을 것이다.

나머지 사항들

5 동영상 강의를 만들었다. 이 책의 독자들을 위해 필자의 라이트룸 모바일 전체 작업 과정을 소개하는 동영상 강의를 만들었다. 필자의 작품에 어떻게 라이트룸 모바일을 적용하는지 보면 여러분이 작업에 활용하는 데 도움이 될 것이다. 동영상은 **http://kelbyone.com/books/lrmobile**에서 찾을 수 있다.

6 라이트룸은 사용하는 모바일 기기에 따라 약간의 차이가 있다. 휴대전화와 태블릿의 화면은 다르기 때문에 사용하는 기기에 따라 차이점이 있다. 예를 들어, 태블릿에서 사진을 누르면 하단에 다섯 개의 아이콘이 보인다. 첫 번째 아이콘은 Filmstrip으로 화면 하단에 사진 섬네일을 가로로 나열해서 사진을 선택하기 쉽다. 휴대전화의 경우, Filmstrip을 위한 공간이 없기 때문에 네 개의 아이콘만 있다. 모든 기능에 이러한 차이가 있는 것은 아니지만 다수 존재하므로 유의하자.

7 애플사의 iOS는 안드로이드 운영체제의 기기들과 약간의 차이가 있다. 예를 들어, 두 종류의 운영체제의 기능들이 거의 같지만 일부 기능의 명칭이 다르다. 아이폰의 경우 사신을 [Camera Roll]에서 불러오지만, 안드로이드 기기에서는 [Gallery]에서 불러온다. 두 가지 명칭을 일일이 표기한다면 지겨워질 것이므로 이 책에서는 "[Camera Roll]"이라는 명칭만 사용한다. 다행히 이와 같은 차이점은 극소수이며, 특정 운영체제에서 사용할 수 없는 기능도 알려줄 것이다.

Contents

CHAPTER 1

라이트룸 모바일로 사진 불러오기   1
라이트룸 모바일 시작하기

CHAPTER 2

컬렉션 작업하기   9
라이트룸 모바일의 심장

CHAPTER 3

사진 보정하기   35
라이트룸 Develop 모듈의 모바일 버전

CHAPTER 4

기본 보정을 넘어서   59
유용한 추가 보정 기능들

CHAPTER 5

크로핑과 그와 유사한 기능들

회전도 크로핑의 일종이지 않은가?

81

CHAPTER 6

사진 공유하기

자신의 작품을 세상과 공유하는 방법

91

CHAPTER 7

실시간 촬영 공유

언제 어디서든지 실시간으로 촬영 현장 공유하기

101

CHAPTER 8

내장 카메라 사용하기   115
탁월한 내장 카메라 기능 활용하기

CHAPTER 9

그 외의 기능들   125
이 기능들도 있을 곳이 필요하다

셔터스피드: 1.6초 / 조리개: f4 / ISO: 4000 / 초점거리: 11mm / 장소: The Cow Restaurant, 퀸스타운, 뉴질랜드

CHAPTER 1

라이트룸 모바일로
사진 불러오기
라이트룸 모바일 시작하기

시작하기 전에 다양한 종류의 라이트룸이 있다는 점을 알아두면 도움이 될 것이다. 예를 들어, 라이트룸 데스크톱은 데스크톱 컴퓨터에 사는 라이트룸 버전이다. 물론 휴대전화나 태블릿에 사는 라이트룸 모바일이 있다. 그리고 웹 브라우저에 사는 라이트룸이 있으며(이 버전은 라이트룸 모바일에서도 사용한다), 애플 TV 기기를 위한 라이트룸 버전도 있다. 어도비사는 최근에 라이트룸 폴리를 출시했는데 강가의 밴에 산다. 라이트룸 그랜드마더는 숲속의 오두막에 살고, 라이트룸 스펀지밥은 바닷속의 파인애플 안에 산다. 황당한 마지막 문장 때문에 당황했을 것이다. 그것은 앞부분의 '미리 알아두어야 하는 7가지 사항'을 읽지 않고 건너뛰었기 때문이다. 필자가 경고했듯이 챕터 도입문은 모든 기술적인 내용으로부터 잠시 휴식을 가지기 위해 쓴 것이다.

라이트룸 모바일 다운로드하고 계정 만들기

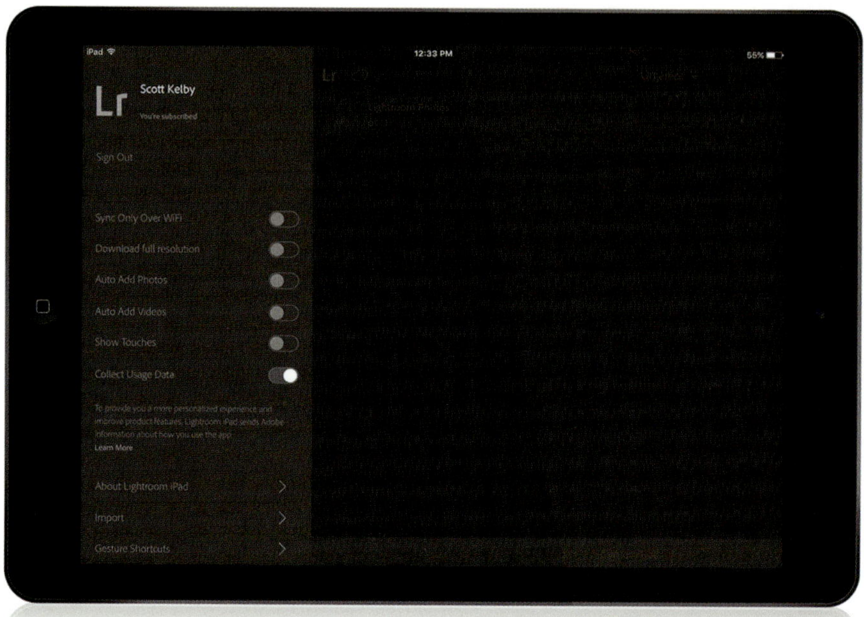

라이트룸 앱을 아이패드나 아이폰 혹은 안드로이드 기기에 다운로드한다(앱은 무료이다). 앱을 시작하면 어도비 ID와 패스워드로 로그인하라고 묻는다(그래야 컴퓨터의 라이트룸과 모바일 기기의 라이트룸이 서로 연결되어 있다는 것을 앱이 알 수 있다). 아직 어도비 ID가 없다면 [Sign In] 버튼 하단의 [Get an Adobe ID] 링크를 클릭해서 계정을 만든다(이것 역시 무료이다). 링크를 클릭하면 계정을 만드는 창이 열린다(신용카드 정보는 필요 없으며 이름, 주소 등의 기본 정보만 입력하면 된다).

기본 설정하기

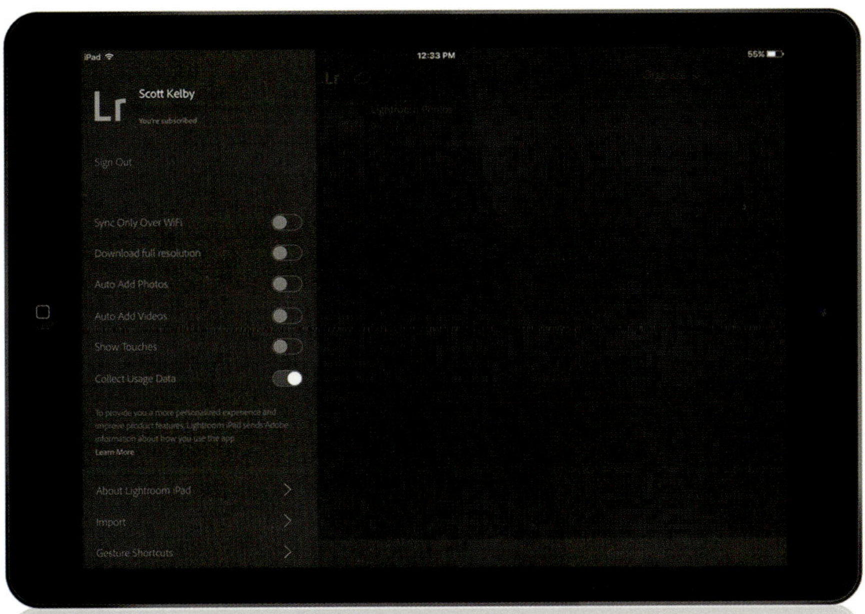

이 시점에서는 아직 사진도 불러오지 않았으며, 라이트룸 모바일과 연동할 컬렉션도 선택하지 않은 상태이므로 모바일 버전에는 아무 것도 없다. 가장 먼저 기본적인 선택 항목들과 설정 기능들이 어디에 있는지 살펴보자(예제 사진에 보이는 일부 선택 항목들은 현재 iOS 기기들에서만 사용이 가능하다). 모바일 기기에서 라이트룸을 실행하면 Collection 보기 창이 나타나고 화면 왼쪽 상단에 작은 LR 로고가 보인다. 로고를 탭하면 화면 선택 항목들이 있는 사이드바 패널이 화면 왼쪽에 열린다. 여기에서 무선 와이파이만 사용하거나 데이터를 사용해서 사진을 동기화하도록 설정한다(데이터를 사용하면 가입한 데이터 요금에 영향을 미친다). 'Auto Add Photos' 혹은 'Auto Add Videos' 기능을 활성화하면 라이트룸 모바일이 자동으로 데스크톱 라이트룸의 사진이나 영상을 모바일 기기로 동기화한다(더 자세한 내용은 챕터 9의 '고화질 버전 다운로드하기'에서 살펴볼 것이다). 'Turning on Show Touches'를 활성화하면 화면을 탭할 때 빨간색 점이 표시된다(모바일 기기로 라이트룸을 시연하거나 초보자에게 사용법을 가르칠 때 유용하다). 또한, 어도비사는 앱을 지속적으로 개발하면서 사용자들의 사용 패턴을 파악하기 위해 익명으로 데이터를 수집한다. 자신의 데이터 수집을 원하지 않는다면 'Collect Usage Data'를 비활성화한다. 나머지는 도움말과 단축키, 계정 로그아웃 등과 같은 선택 항목들이다(몇 가지 항목들은 나중에 더 알아볼 것이다). 사이드바 패널을 다시 탭하면 닫힌다. 이제 사진을 불러와보자.

컴퓨터에서 라이트룸 로그인하기

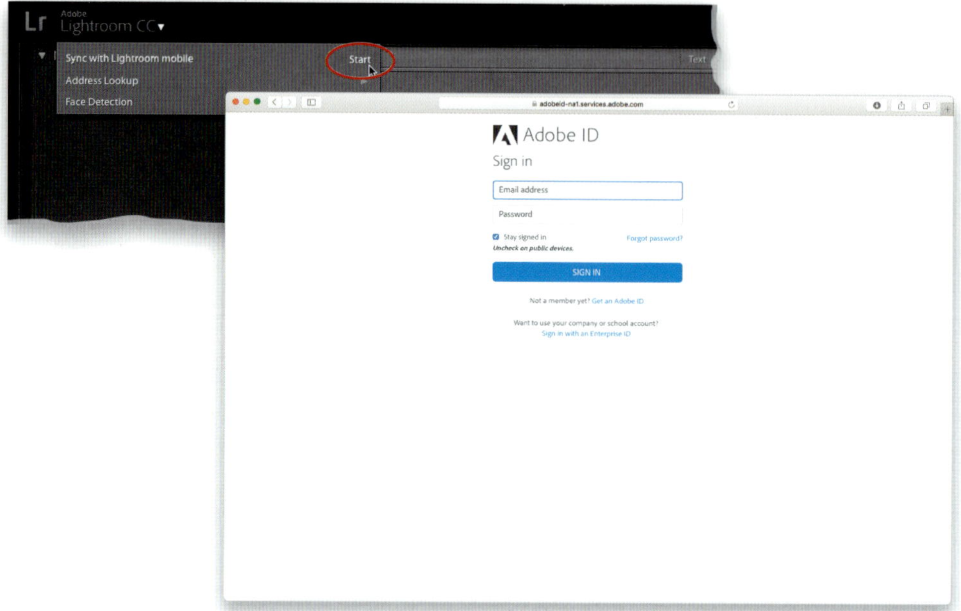

"이상한 위치에 명령어 숨기기" 상이 있다면 아마도 이번에 알아볼 항목이 차지할 것이다. 데스크톱 컴퓨터의 라이트룸에서 커서를 창 왼쪽 상단에 있는 로고 위로 가져가면 아래를 향한 흰색의 작은 삼각형 아이콘이 나타난다. 아이콘을 클릭하면 [Activity] 패널을 연다. 'Sync with Lightroom mobile' 옆의 [Start] 버튼을 클릭하면 웹 브라우저가 Adobe ID 로그인 페이지를 불러온다. 어도비 ID와 패스워드를 입력하고 [Sign In]을 클릭해서 로그인한다.

라이트룸 모바일과 동기화 기능 활성화하기

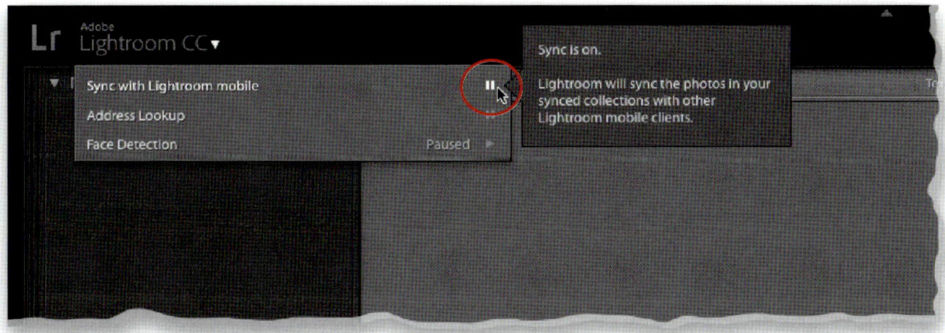

[Activity] 패널을 보면 'Sync with Lightroom mobile' 기능을 활성화/비활성화하는 항목이 있다. 클릭해서 활성화한다. 현재는 이 기능을 활성화해도 모든 사진을 라이트룸 모바일로 보내지 않으므로 걱정하지 않아도 된다. 다음 페이지에서 동기화할 사진 컬렉션을 선택하는 방법에 대해 알아볼 것이며, 선택한 사진들만 라이트룸 모바일로 보낸다. 이번 과정은 단순한 기본 설정일 뿐이다.

동기화할 컬렉션 선택하기

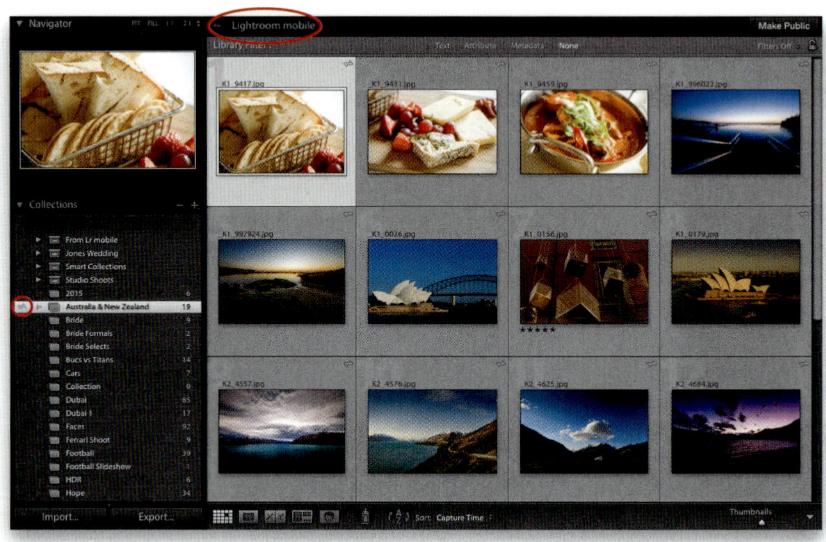

데스크톱 컴퓨터의 라이트룸에 있는 [Collections] 패널을 보면 각 컬렉션 왼쪽에 회색 상자가 있다. 이 상자를 선택해서 모바일 기기의 라이트룸과 동기화할 컬렉션을 선택할 것이다. 박스를 클릭하면 작은 동기화 아이콘이 나타나며(예제 사진에서 빨간색 원으로 표시한 부분의 작은 체크마크), 선택한 컬렉션의 사진들을 모바일 기기의 라이트룸으로 자동 복제한다. 섬네일 영역의 왼쪽 상단을 보면 동기화 아이콘과 "Lightroom mobile"이라는 글자가 보이며(예제 사진에서 빨간색 원으로 표시한 부분), 동기화한 사진들의 각 섬네일의 왼쪽 상단에도 동기화 아이콘이 나타나 동기화한 사진이라고 알려준다. 모바일 기기의 라이트룸은 컬렉션만 가지고 작업할 수 있다. 그러므로 폴더를 동기화하고 싶다면 폴더를 컬렉션으로 만들어야 한다. [Folders] 패널에서 동기화할 폴더를 [Collections] 패널로 드래그해서 컬렉션으로 만든 다음 동기화한다.

한 개의 카탈로그만 동기화할 수 있다

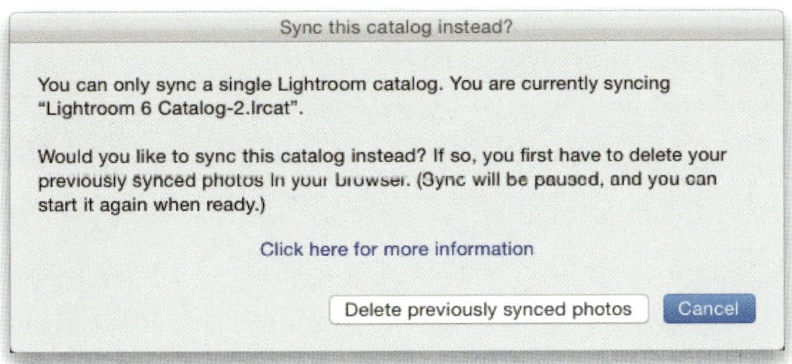

현재 버전의 라이트룸 모바일은 단 한 개의 카탈로그만 동기화할 수 있다(앞으로 바뀔 수도 있지만 언제가 될지는 모르는 일이다). 필자는 한 개의 라이트룸 카탈로그만 사용하기 때문에 큰 문제는 아니다. 하나의 카탈로그만 사용하는 것이 사진 정리가 훨씬 쉽고 덜 복잡하기 때문에 주변 사람들에게도 권고한다. 그러나 여러 개의 카탈로그를 사용한다면 라이트룸과 동기화할 카탈로그 하나만 선택해야 한다(다시 강조하지만 카탈로그 전체를 동기화하는 것이 아니라 그 카탈로그에서 선택한 컬렉션만 동기화한다). 동기화할 카탈로그를 선택한 후, 나중에 다른 카탈로그에 있는 컬렉션을 동기화하고 싶은 경우에도 걱정할 필요는 없다. 동기화할 다른 카탈로그를 선택하고 [Activity] 패널에서 'Sync with Lightroom mobile' 항목을 다시 활성화한다(5페이지 참고). 그러면 예제 사진과 같은 경고 대화창을 불러온다. 새로 선택한 카탈로그를 동기화하면 이전에 동기화한 카탈로그의 사진들이 라이트룸 모바일에서 삭제된다는 경고이다. 왼쪽 버튼을 눌러 동기화하거나 [Cancel] 버튼을 눌러 실행을 취소한다.

셔터스피드: 1/1000초 / 조리개: f8 / ISO: 400 / 초점거리: 11mm / 장소: 갤러리 라파예트, 파리, 프랑스

CHAPTER 2

컬렉션 작업하기
라이트룸 모바일의 심장

라이트룸 모바일 사용자들이 가장 걱정하는 부분은 데스크톱 컴퓨터의 라이트룸에서 동기화 기능을 활성화할 때이다. 그 이유는 동기화 기능을 활성화하면 컴퓨터에 있는 카탈로그의 사진들을 모두 동기화할 것이라는 걱정 때문이다. 이것은 너무 많은 "The Bechelor"와 "Here Comes Honey Boo Boo" 에피소드를 다운로드해서 휴대기기에 저장 공간이 남아 있지 않기 때문에 큰 걱정거리가 될 수밖에 없다. 남은 공간이 너무 적어서 단 한 개의 이메일만 수신해도 휴대기기가 폭발할 수도 있다 (충분히 일어날 수 있는 일이다). 다행히 이 점에 대해서는 걱정하지 않아도 된다. 컴퓨터에서 'Sync with Lightroom mobile' 기능을 활성화해도 모든 사진을 동기화하지 않는다. 사용자의 누드 셀카만 동기화하기 때문이다. 그러면 어떻게 라이트룸이 누드 셀카만 분류하는지 궁금할 것이다. 그것은 매우 쉽다. 라이트룸은 첨단 메타데이터 알고리즘을 사용해서(원래는 NASA에서 스페이스 셔틀 프로그램을 위해 개발한 기술이다) 라이브러리 전체의 사진들을 스캔해서 누드 셀피라고 판단하는 사진들을(사진에 피부색이 나타나는 비율을 측정한다) 클라우드 서버에 전송하면, 어도비사에서 특별히 선별한 시간제 인턴들이 가 사진을 보고 저절로 "웩"이라는 감탄사가 나오는 사진들을 사용자의 모바일 기기에 동기화한다. 저장 공간에 대한 걱정을 덜었으니 정말 다행이지 않은가.

라이트룸 모바일에서 컬렉션 보기

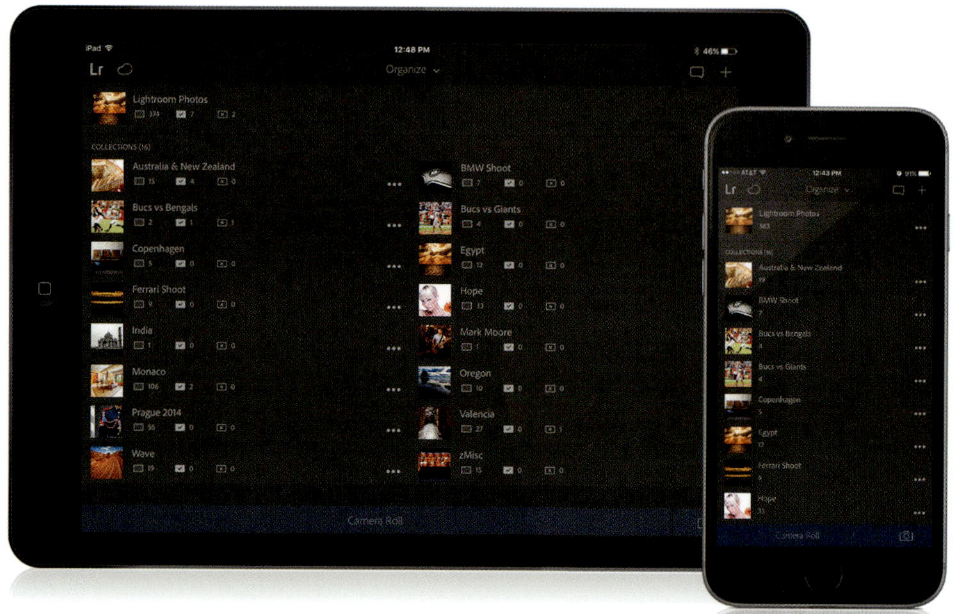

라이트룸이 고화질의 RAW나 JPEG 파일을 그대로 모바일 기기에 동기화한다면 저장 공간이 금방 찰 것이다. 그 대신 스마트 프리뷰를(클라우드에 저장하는 압축된 파일 버전) 보내기 때문에 화질은 모바일에서 보기 충분할 뿐만 아니라 편집도 가능하며, 고화질 사진보다 파일 크기도 훨씬 작다. 이제 모바일 기기에서 라이트룸에 동기화한 컬렉션을 확인해보자. 필자는 예제 사진과 같이 16개의 컬렉션을 선택해서 동기화했다. 모바일 기기의 Collection 보기 화면 상단에(홈페이지와 유사해 보인다) 16개의 컬렉션에 383개의 라이트룸 사진이 있다는 것을 알려준다. 각 컬렉션 하단의 아이콘은 Picks와 Rejects 등급으로 설정한 사진들의 개수를 표시한다(현재는 태블릿에만 있는 기능이다). 컬렉션 섬네일의 크기는 조절이 불가능하지만 화면 왼쪽 상단의 [Lightroom Photos]를 탭하면 사진을 전체 화면에서 모두 볼 수 있을 뿐 아니라 누르고 드래그해서 섬네일 크기도 확대할 수 있다(이 기능에 대해서는 17페이지에서 더 자세히 알아볼 것이다).

새 컬렉션 만들기

완전히 새로운 컬렉션을 만들려면 Collection 보기 화면에서 오른쪽 상단에 있는 [+] 아이콘을 누르면 새 컬렉션의 이름을 설정하는 대화창을 불러온다. 기본적으로 오늘의 날짜와 시간이 컬렉션 이름으로 설정되어 있지만 자신에게 더 편리한 이름을 설정하려면 텍스트 영역의 가장 오른쪽에 있는 [×]를 탭해서 기본 설정된 이름을 삭제하고 새 이름을 입력한 다음 [OK]를 눌러 적용한다. 그러면 오른쪽 예제 사진에 빨간색 원으로 표시한 것과 같이 Collection 보기 화면에 새로운 회색 섬네일이 추가된다. 컬렉션 섬네일의 순서는 직접 설정할 수 있다. 필자는 알파벳 순서로 나열하도록 설정했다. 이 기능에 대해서는 나중에 자세히 알아볼 것이다. 컬렉션 설정 항목들은 컬렉션 이름 오른쪽 세 개의 점을 누르면 팝업 메뉴를 불러온다. 팝업 메뉴에서 오프라인 편집(인터넷이 연결되지 않은 상태에서 편집할 수 있는 기능-편집 설정은 다음에 인터넷과 연결될 때 동기화된다), 컬렉션 이름 바꾸기, 공유하기 혹은 컬렉션 삭제하기 등과 같은 기능들을 설정할 수 있다.

새 컬렉션에 사진 추가하기

새 컬렉션에 사진을 추가하기 위해 컬렉션을 탭하면 빈 화면이 나타난다. 하단의 [Add Photos]를 누르면 모바일 기기의 [Camera Roll](또는 [Gallery])이나 [Lightroom Photos]에서 사진을 불러오도록 설정하는 팝업 메뉴가 나타난다. 원하는 설정을 탭한 다음 컬렉션으로 불러온 사진들을 선택한다 (탭해서 선택하거나 탭한 채 드래그한다). [Camera Roll]이나 [Add From Gallery]를 선택하면 특정 사진만 찾을 수 있는 필터 기능을 설정할 수 있다. 사진 선택을 마치면 화면 하단에 "Add 2 photos" 혹은 "Add 16 photos"와 같이 불러오는 사진의 개수를 표시하며, 그것을 탭하면 컬렉션에 사진을 추가한다. 다음에 [Camera Roll]에서 사진을 불러올 때 사진 섬네일의 왼쪽 모퉁이에 작은 라이트룸 아이콘이 있으면 이미 라이트룸 모바일에 추가한 사진이라는 의미이다.

컴퓨터에서 새 컬렉션 보기

모바일 기기에서 새 컬렉션을 만들면 자동으로 컴퓨터의 라이트룸으로 동기화한다. 이때 이 컬렉션은 컴퓨터의 [Collection] 패널에 [From Lr mobile]이라는 이름의 컬렉션 세트에 추가된다. 컬렉션세트를 열면 모바일 기기에서 만든 모든 컬렉션들을 볼 수 있다(예제 사진을 보면 [Food] 컬렉션이 동기화되었다). 그러므로 모바일 기기에서 다수의 컬렉션을 만들었다면 [From Lr mobile] 컬렉션 세트에서 찾을 수 있고, 각 컬렉션을 클릭하면 그 안에 포함된 사진들을 볼 수 있다.

원본 사진 저장 위치 찾기

알아두면 유용한 기능을 살펴보자. 태블릿에 있는 사진들을 컬렉션에 추가했다면(예제 사진은 필자의 아이패드 [Camera Roll]에 있던 스튜디오 사진들이다), 해당 컬렉션이 자동으로 컴퓨터의 라이트룸으로 동기화될 뿐 아니라 고화질의 원본 사진도 컴퓨터에 복사된다. 그러므로 동기화한 컬렉션을 컴퓨터에서 볼 수 있으며, 혹시 원본이 필요한 경우 [Folders] 패널을 보면 휴대기기의 이름이 있는 폴더가 있다(예제의 사진에는 [Scott's iPad]라는 폴더가 있다). 폴더를 클릭하면 아이패드에서 컴퓨터로 복사한 34개의 원본 사진이 있다. 휴대전화의 경우도 마찬가지이다. 휴대전화의 카메라로 촬영한 사진을 라이트룸 컬렉션에 추가하면 원본 파일은 컴퓨터의 라이트룸으로 동기화된다.

컬렉션 정리 방식 선택하기

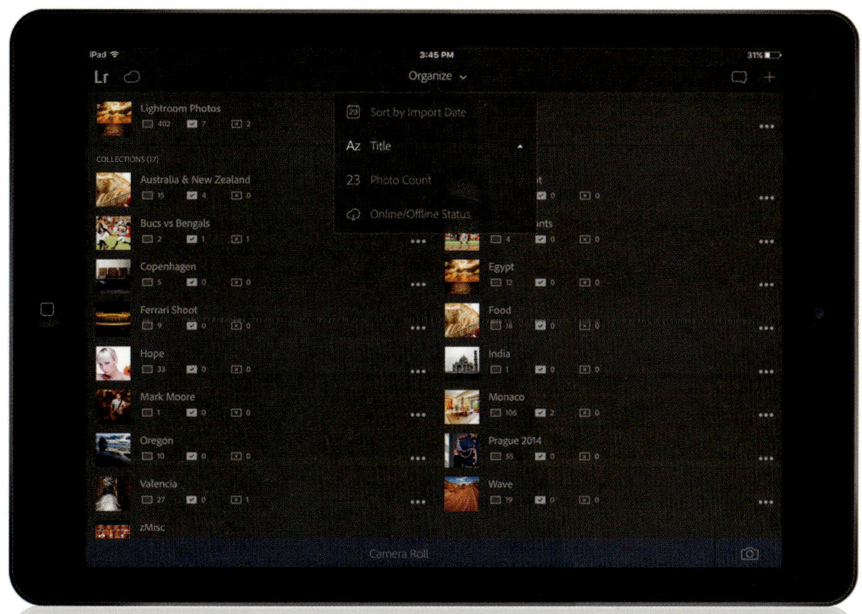

화면 상단의 [Organize]를 탭하면 정리 방식을 선택할 수 있는 팝업 메뉴가 나타난다. 사진을 불러온 날짜순이나 파일명, 각 컬렉션에 포함된 사진의 개수 혹은 온라인/오프라인 상태로 정리할 수 있다. 정리 방식 항목들 중 하나를 탭하면 해당 항목 오른쪽에 작은 삼각형 화살표가 나타나며, 이것을 탭해서 오름차순이나 내림차순으로 순서를 설정한다. 예를 들어, 'Sort by Import Date'를 선택하면 가장 최근에 불러온 사진이 상단에 가거나 하단에 가도록 설정할 수 있다. 화살표를 번갈아 탭해서 두 가지 정리 방식 중에 선택한다.

Grid 보기 모드에서 사진 보기

컬렉션에 포함된 사진을 보기 위해 원하는 컬렉션을 탭하면 예제 사진과 같이 Grid 보기 모드로 사진이 나타난다. 위아래로 밀어서 사진들을 스크롤한다. 그런데, 애플사의 3D Touch와 Peek & Pop 기능을 가진 최신 아이폰 기종을 사용한다면 컬렉션을 스크롤할 때(혹은 사진을 추가하기 위해 [Camera Roll]을 스크롤하는 경우) 사진을 탭하고 누르고 있으면 사진을 크게 볼 수 있다(또한 프리뷰를 볼 때 위로 밀면 사진을 공유하거나 삭제할 수 있다. 공유 기능에 대해서는 챕터 6에서 더 알아볼 것이다).

섬네일 크기 변경하기

컬렉션의 사진 섬네일 크기를 변경하려면([Camera Roll]이나 [Gallery], [Lightroom Photos) 두 손가락 끝으로 누른 채 드래그해서 간격을 벌리거나 오므려서 확대하거나 축소하는 간단한 방법을 사용한다.

Grid 보기 모드 설정하기

Grid 보기 모드에서 사진을 두 손가락으로 탭하면 사진을 촬영한 날짜와 시간, 픽셀 크기와 파일명이 나타난다. 두 손가락으로 한 번 더 탭하면 조리개 설정, ISO, 셔터스피드와 같은 EXIF 카메라 데이터가 나타난다. 세 번째로 탭하면 플래그 등급이나 별점, 사진에 적용한 편집 설정을 볼 수 있다. 그리고 네 번째로 탭하면 인터넷에 올린 사진의 경우 받은 멘션이나 '좋아요'가 있는지 알려준다. 마지막으로 한 번 더 탭하면 모든 정보를 숨긴다.

사진 정리 방식 선택하기

Grid 보기 모드에서 컬렉션을 볼 때, 화면 상단의 컬렉션 이름을 탭하면 다양한 필터 기능들이 있는 팝업 메뉴를 연다. 필터 기능들에 대해서는 잠시 후 알아보겠지만 지금은 [Flat] 메뉴의 가장 하단을 보자. 필자의 메뉴에는 'Sort by Custom Order'가 있지만 여러분의 메뉴에는 컴퓨터의 라이트룸에서 선택한 항목이 있을 것이다. 그 정리 기능을 탭하면 또 다른 팝업 메뉴가 열리고 사진 정리 방식을 선택할 수 있다. 메뉴가 낯이 익다면 그 이유는 Collections 보기 모드의 컬렉션 정리 방식 설정 메뉴와 유사하기 때문이다. 원하는 정리 방식을 탭하면 [Grid View Options] 메뉴로 돌아간다. 이제 선택한 항목 오른쪽에 작은 삼각형 화살표가 보일 것이다. 화살표를 탭해서 사진을 오름차순이나 내림차순으로 정리할 수 있다(이 점 역시 컬렉션을 정리하는 방식과 같다).

Segmented 보기 모드 사용하기

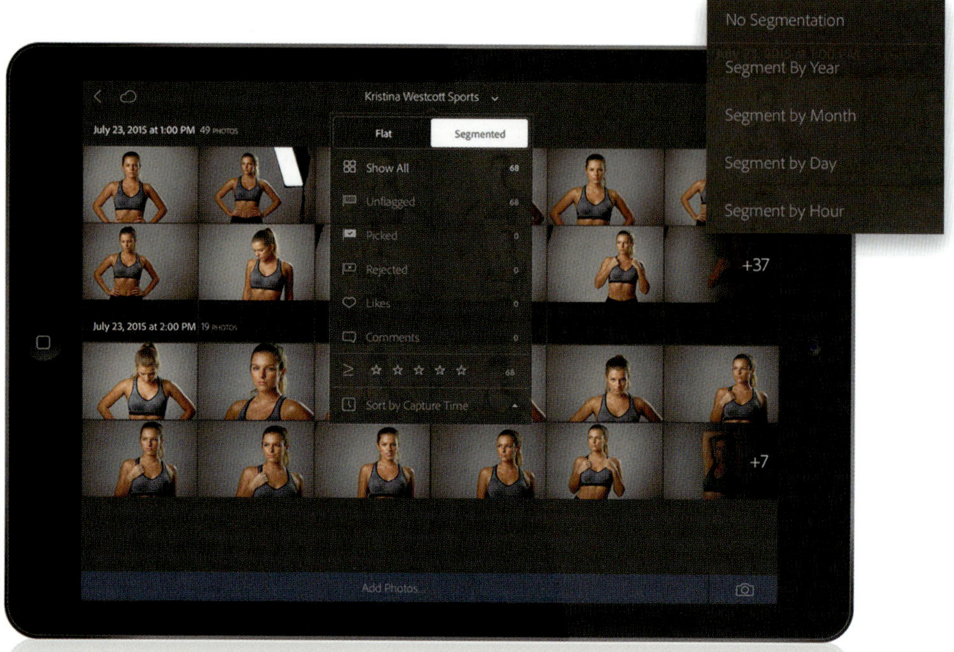

이 보기 모드는 촬영 날짜별로 사진들을 자동 정렬해서 보여준다. 화면 상단에 있는 컬렉션 이름을 탭하거나 [Lightroom Photos]를 탭한 다음 [**Segmented**]를 탭하면 Segmented 보기 모드로 전환한다(기본 보기 모드는 Flat 보기 모드이다). 첫 번째 사진을 촬영한 날짜가 왼쪽에 나타난다. 날짜를 탭하고 누르고 있으면 팝업 메뉴에서 원하는 시간 단위로(연도, 달, 날짜 혹은 시간) 사진을 정렬할 수 있다. Segmented 보기 모드에서도 화면 상단 중앙의 [Grid View Options] 팝업 메뉴에서 'Picks'나 별점 설정 등의 사진만 볼 수 있도록 필터 기능을 선택할 수 있다. 이 보기 모드에서도 역시 두 손가락으로 섬네일 크기의 조절이 가능하다. Flat 보기 모드로 다시 전환하려면 동일한 팝업 메뉴에서 'No Segmentation'을 선택한다(혹은 [Grid View Options] 팝업 메뉴에서도 선택이 가능하다).

수동으로 섬네일 재배치하기

섬네일을 원하는 순서로 직접 정리하고 싶은 경우, 컬렉션에서 원하는 사진을 탭하고 누르고 있으면 나타나는 팝업 메뉴에서 '**Change Order**'를 탭해서 선택한다. 이제 이동할 섬네일을 탭하고 눌러 선택한 다음(섬네일에 파란색 테두리가 나타나고 오른쪽 하단의 체크마크가 선택한 사진이라고 알려준다) 원하는 위치로 드래그한다. 섬네일을 드래그해서 이동하면 두 섬네일 사이나 앞에 파란색 선이 나타나 이동할 위치를 표시한다. 다수의 섬네일을 한 번에 이동하려면 Change Order 모드에서 각 섬네일을 탭한 다음 누른 채 드래그한다. 섬네일의 재배치를 마치면 [Back] 화살표를 탭해서 다시 Grid 보기 모드로 전환한다.

커버 사진 설정하기

Collection 보기 모드에서 각 컬렉션의 섬네일 커버 사진을 선택할 수 있다. 커버 사진은 기본적으로 컬렉션의 첫 번째 사진을 섬네일로 선택하지만 다른 사진을 원한다면 Grid 보기 모드 화면에서 원하는 사진을 탭한 다음 '**Set as Cover**'를 선택해서 컬렉션 커버 사진으로 설정한다.

사진의 복제와 이동하기

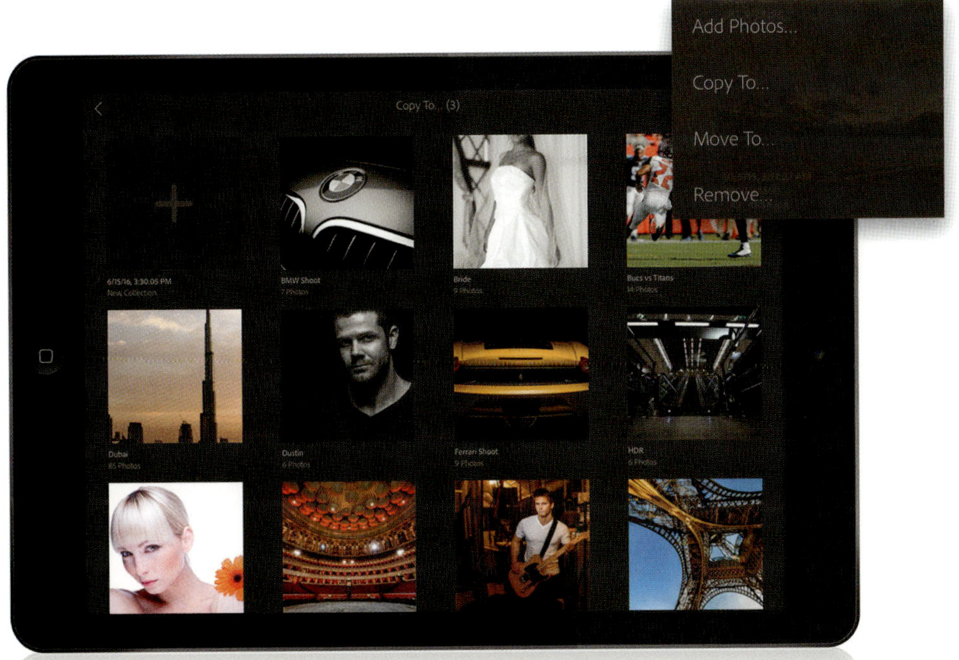

Grid 보기 모드에서 컬렉션을 볼 때 컴퓨터의 라이트룸을 사용하지 않고 하나의 컬렉션에 있는 사진을 다른 컬렉션으로 복제하거나 이동할 수 있다. 예를 들어, 오른쪽 상단의 위를 향한 화살표 형태의 아이콘을 탭한 다음 [Collection Options] 팝업 메뉴에서 'Copy To'를 탭하고 복제할 사진을 탭해서 오른쪽 상단 모퉁이의 오른쪽을 향한 화살표를 탭하면 모바일 기기에 있는 모든 라이트룸 컬렉션 목록을 불러온다. 복제한 사진을 보낼 컬렉션을 목록에서 선택하면 된다(새 컬렉션을 만들어서 저장할 수도 있다). 팝업 메뉴에서 'Move To' 기능을 선택해도 동일한 과정으로 사진을 다른 컬렉션으로 이동할 수 있다. 'Remove'를 선택하고 사진을 탭한 다음 오른쪽 상단의 휴지통 아이콘을 탭하면 선택한 사진을 컬렉션에서 삭제한다. 삭제한 사진은 모바일 기기와 컴퓨터의 라이트룸에서 삭제되지만 원본은 컴퓨터의 원본 폴더에 그대로 있다. 이 방법으로 사진을 삭제한 다음 마음이 바뀐다면 왼쪽 상단의 [×] 아이콘을 탭해서 설정을 취소한다.

다수의 사진 일괄 선택하기

컬렉션에서 사진들을 복제, 이동 혹은 삭제할 때 선택하려는 사진들이 근접해있다면 탭하고 드래그
해서 다수의 사진을 일괄 선택할 수 있다. 사진 전체를 선택하려면 사진 하나를 탭하고 누른 채 팝업
메뉴를 불러와 '**Select All**'을 선택한다. 동일한 방법으로 선택을 취소할 수 있다. 또한 컬렉션의 일부
만 선택할 수 있는 'Select Range' 기능은 선택하려는 사진들 중 첫 번째 사진과 마지막 사진을 차례
로 탭하면 그 사이의 사진들을 자동 선택한다.

Loupe 보기 모드로 사진 보기

Grid 보기 모드에서 사진을 더 크게 보려고 할 때 단순히 사진을 탭하면 예제 사진과 같이 사진이 확대된다. 이것이 Loupe 보기 모드이며 화면 상단에 파일명, 현재 컬렉션에 있는 사진 개수를 표시한다. 또한 컴퓨터의 라이트룸과 마찬가지로 왼쪽 상단 모퉁이에 선택한 사진이 스마트 프리뷰인지 고해상도 파일인지 표시하며, EXIF 카메라 데이터도 알 수 있다. 오른쪽 상단에는 히스토그램이 있다. 메타데이터와 히스토그램을 숨기려면 두 손가락으로 탭하거나 왼쪽 상단의 세 번째 아이콘을 한 번 탭할 때마다 번갈아 메타데이터를 표시하거나 숨긴다. 사진 하단에는 편집 기능들이 있으며, 오른쪽 상단 모퉁이의 [Collection Options] 아이콘인 화살표를 탭하면 공유 기능을 찾을 수 있다. Loupe 보기 모드로 다음 사진을 보고 싶다면 왼쪽으로 밀면 된다(이전 사진은 오른쪽으로 민다).

사진 줌인하기

더 확대된 구도로 사진을 보고 싶다면 화면을 두 번 탭해서 줌인하고, 동일한 방법으로 줌아웃한다. 또한 화면을 두 손가락 끝으로 집어서 벌리거나 오므려 사진을 줌인/줌아웃할 수 있다(예제 사진은 EXIF 데이터와 히스토그램을 숨긴 상태이다).

Loupe 보기 모드 인터페이스 숨기기

Loupe 보기 모드에서 정보와 선택 기능들을 숨기고 사진을 전체 화면으로 보고 싶은 경우 사진을 탭하면 예제 사진과 같은 전체 화면으로 전환한다. 물론 사진을 왼쪽/오른쪽으로 밀어서 컬렉션에 있는 다른 사진들을 볼 수 있다. 기본 Loupe 보기 모드로 다시 전환하려면 화면을 다시 한 번 탭하면 된다. Grid 보기 모드로 전환하려면 화면 왼쪽 상단의 Back 화살표 아이콘을 탭한다. 즉, 전체 화면에서 Grid 보기 모드로 전환하기 위해서는 두 번의 탭이 필요하다. ① 사진을 한 번 탭해서 Loupe 보기 모드로 전환한다. ② [Back] 화살표 아이콘을 탭한다.

Filmstrip 사용하기

기본 보기 모드에는 사진 하단에 5개의 아이콘이 있다. 왼쪽 첫 번째 [Filmstrip] 아이콘을 탭하면 사진 하단에 사진이 있는 컬렉션의 모든 사진을 나열한 필름스트립을 불러온다([Filmstrip] 기능은 태블릿에서만 사용할 수 있다). [Filmstrip]을 왼쪽이나 오른쪽으로 밀어서 사진들을 볼 수 있다. [Filmstrip] 아이콘을 다시 탭하거나 사진을 탭해서 전체 화면으로 전환하면 [Filmstrip]이 숨겨진다.

슬라이드 쇼 시작하기

Collection 보기 모드에서 섬네일 오른쪽의 세 점을 탭하고(왼쪽 예제 사진) 팝업 메뉴에 있는 선택 항목에서 Present를 찾을 수 있다(오른쪽 예제 사진).

[Collection Options] 팝업 메뉴에서 **'Present from Here'**(안드로이드 기기에서는 **'Slideshow'**)를 탭한 다음 오른쪽 상단 모퉁이의 오른쪽을 향한 화살표를 탭하면 해당 컬렉션에 있는 사진들로 각 사진들 사이에 부드러운 전환 효과를 적용한 자동 슬라이드 쇼가 진행된다. Collection 보기 모드 화면에서도 슬라이드 쇼를 시작할 수 있다. 컬렉션 섬네일 오른쪽에 있는 세 개의 점을 탭하면 팝업 메뉴를 불러온다. 메뉴 하단의 'Present'(안드로이드 기기에서는 'Play Slideshow')를 선택하면 슬라이드 쇼를 시작한다. 슬라이드 쇼가 진행되는 도중에 화면을 탭하고 오른쪽 상단 모퉁이의 세 개의 점을 탭하면(안드로이드 기기에서는 [Slideshow Options]) 사진 전환 시간을 선택하거나(슬라이더로 조절) 전환 효과 등을 설정할 수 있는 팝업 메뉴를 불러온다. 'No Transition'을 선택하면 전환 효과를 적용하지 않는다.

사진에 Picks나 Rejects 등급 설정하기

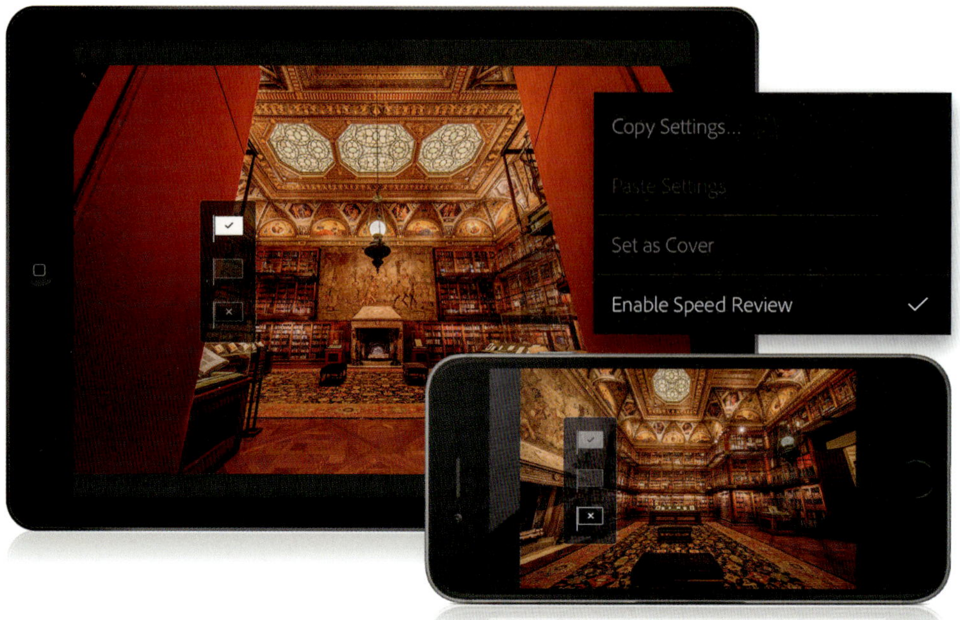

필자는 촬영한 사진을 선별하면서 마음에 드는 사진들에 Picks 등급을 설정할 때 사진에만 집중하기 위해 화면에 방해요소가 있는 것을 원하지 않기 때문에 전체화면으로 사진을 본다(Loupe 보기 모드에서 사진을 한 번 탭한다). 그러나 이번에 필자가 보여줄 방법은 전체화면에서뿐만 아니라 Loupe 보기 모드에서나 [Filmstrip]이 열린 상태에서도 사용할 수 있다. 가장 먼저, 화면에 있는 사진을 탭하고 누르고 있으면 나타나는 팝업 메뉴에서 **Enable Speed Review**'를 활성화한다. 이제 오른쪽이나 왼쪽으로 밀어서 컬렉션에 있는 사진들을 보면서 Picks 등급을 설정하고 싶은 사진을 찾으면 화면의 왼쪽 면을 밀어서 열면 위의 예제 사진과 같이 세 개의 깃발이 화면에 나타난다. 가장 상단의 깃발을 선택하여 사진을 Picks 등급으로 설정한다. 중앙의 깃발을 선택하면 설정을 해제한다. 하단의 깃발을 선택하면 사진을 Rejects 등급으로 설정한다.

별점 추가하기

플래그 대신 별점 등급(1부터 5까지)의 사용을 선호하는 경우, Loupe 보기 모드에서 마음에 드는 사진에 별점을 설정하고 싶을 때, 위로 천천히 밀면 화면 오른쪽에 예제 사진과 같이 등급 바가 나타난다(앞 페이지에서 배운대로 'Enable Speed Review' 기능을 먼저 활성화하는 것을 잊지 말자). 높이 밀수록 별점 등급이 높아진다. 실수로 너무 많은 별점을 추가했다면 천천히 아래로 밀어서 별점을 하나씩 제거한다. Pick 플래그 등급 기능을 다시 불러오고 싶다면 앞 페이지에서 배운대로 화면 왼쪽 면을 밀어서 활성화한다.

Filters 기능으로 최고의 사진들만 보기

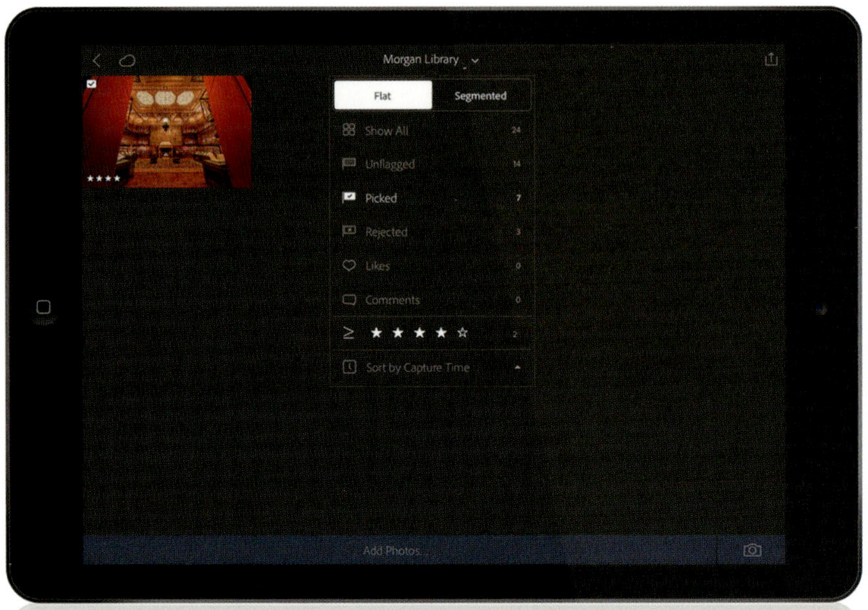

Pick 플래그와 별점을 함께 혹은 두 가지 등급 중 한 가지만 적용한 다음 필터 기능으로 등급을 설정한 사진들만 볼 수 있다. 필터 기능을 설정하려면 Grid 보기 모드의 상단 중앙에 있는 컬렉션 이름을 탭해서 [Grid View] 메뉴를 불러와 원하는 필터 설정을 선택해서 활성화한다. 예를 들어, 'Picked'를 탭하면 해당 컬렉션에서 Picks 플래그를 적용한 사진들만 보여준다. 이 기능의 장점은 한 가지 이상의 필터 설정을 적용할 수 있다는 것이다. 'Unflagged'도 함께 선택하면 Picks 등급과 등급이 없는 사진들을 모두 볼 수 있다. 'Rejected'만 선택하면 Rejects 등급을 적용한 사진들만 볼 수 있다. 여기서는 필자가 'Picked'와 함께 별점 4개로 필터를 설정한 결과 Picked 등급과 4개의 별점을 가진 사진 1개만 불러왔다. 이 필터 기능은 매우 편리하다('Likes'와 'Comments' 필터는 iOS 운영체제에만 있다).

컴퓨터에서 Picks와 별점 등급 사진 보기

모바일 기기에서 설정한 플래그와(Picks와 Rejects) 별점 등급은 자동으로 컴퓨터의 라이트룸에 있는 컬렉션과 동기화된다.

셔터스피드: 1/800초 / 조리개: f3.5 / ISO: 800 / 초점거리: 14mm / 장소: 두바이, 아랍 에미리트 연합국

CHAPTER 3

사진 보정하기
라이트룸 Develop 모듈의 모바일 버전

필자는 라이트룸의 [Develop] 모듈이 모바일 버전에 포함되었다는 점에 깊이 감동했다. 컴퓨터용 라이트룸의 [Basic] 전체부터 프리셋까지, [Tone Curve] 패널, [Color/B&W] 패널, Split Toning 기능과 프리셋까지, 그리고 심지어 Graduated Filter와 같은 Local Adjustments 기능들까지도 모바일 버전에서 사용이 가능하다. 그러나 어도비사는 필자가 이해할 수 없는 이유로 모바일 버전에서는 [Linear Selection]과 [Radial Selection]으로 이름을 바꾸기로 결정했다. 동일한 기능임에도 불구하고 모바일과 데스크톱 버전이 다른 이름을 가진 기능은 두 가지이다. 그리고 또 다른 예외가 있다. 라이트룸 데스크톱에서 Dehaze 필터가 있는 패널의 이름은 [Effects]인데, 패널은 모바일 버전에서 제외되었지만 Dehaze 필터 기능은 포함되었다. 일본어 문구인 "신넨 오메데토 고자이마스"로 이름을 바꾸었을 뿐이다. 대충 해석을 하자면 "고질라가 내 정강이에 오믈렛을 얹었다"라는 의미이다. 필자가 생각해도 [Dehaze] 슬라이더에 붙이기에는 이상한 이름이다. 필자라면 더 명확한 "야큐세테 쿠다사이"라는 이름을 붙였을 것이다. 직역하자면 "야크가 방금 당신의 쿠다사이에 나가떨어진 것 같아요"라는 의미인데 여러분이나 필자 모두 훨씬 나은 이름이라는데 동의할 것이다. 특히 초보 사용자들을 위해서 말이다.

사진 보정하기

컴퓨터의 라이트룸과 동일한 기능들로 사진을 보정하려면 Grid 보기 모드에서 사진을 탭해서 예제 사진과 같이 Loupe 보기 모드로 전환한 다음 화면 하단의 [Action] 선택 항목들 중 [Edit] 아이콘을 탭한다. 그러면 컴퓨터용 라이트룸의 [Basic] 패널과 동일한 보정 기능들을 불러온다([White Balance]부터 [Exposure], [Shadows]부터 [Whites] 그리고 [Blacks], [Clarity]부터 [Vibrance]까지 모든 기능들이 있다). 심지어 순서까지 동일하다. 단지 컴퓨터의 라이트룸과 달리 하단에 가로로 배치되어 있을 뿐이다. 어도비사는 각 기능의 컨트롤을 "보정 타일"이라고 부르며, 타일을 탭하면 해당 기능을(혹은 슬라이더) 설정할 수 있다.

화이트 밸런스 설정하기

앞 페이지의 예제 사진은 노란색이 강해서 화이트 밸런스를 보정해야 한다. 하단의 보정 기능 타일들 중 [White Balance] 타일을 탭하면 화이트 밸런스 프리셋들과 각 프리셋을 적용한 사진의 미리보기 섬네일 목록을 불러온다. 미리보기 섬네일을 훑어보면 'Fluorescent' 프리셋이 가장 나아 보인다 (최소한 노란색은 제거되었다). 그래서 필자는 프리셋을 탭해서 사진에 적용했다.

[Temperature]와 [Tint] 슬라이더 사용하기

앞 페이지에서 적용한 화이트 밸런스 프리셋의 장점은 프리셋 설정이 정확하지 않는 경우 직접 추가
보정을 적용할 수 있다는 것이다. 예제 사진의 경우, 프리셋을 적용한 후의 사진이 차가운 색감을 띠
고 있으므로 [Temperature] 타일을 탭하면 타일 바로 위에 슬라이더가 나타난다. 슬라이더 노브를(예
제 사진에 빨간색 원으로 표시한 것) 탭하고 누른 채 컴퓨터의 라이트룸에서 하듯이 오른쪽으로 드래그
해서 따뜻한 색감으로 보정한다. 왼쪽으로 드래그하면 차가운 색감으로 보정한다(효과를 알기 쉽도록
슬라이더에 파란색과 노란색으로 표시되어 있다). 예제 사진의 경우, 약간 오른쪽으로 드래그해서 보정했
다(보정 전 '3800k'였던 색온도를 '4437k'로 설정했다).

슬라이더 리셋하기

실수를 했거나 적용한 설정이 마음에 들지 않는다면 슬라이더 아무 곳이나 더블 탭하거나 보정 타일의 이름을 더블 탭하면 설정 전의 상태로 복구된다(여기서는 보기 쉽도록 [Sidebar]에서 'Show Touches'를 활성화해서 빨간색 점이 나타난다).

White Balance Selector 도구 사용하기

마지막으로 알아볼 화이트 밸런스 기능은 모바일 기기에서 White Balance Selector 도구의 사용법이다. 37페이지를 보면 화이트 밸런스 프리셋 팝업 메뉴 상단에 도구가 있다. 도구를 탭하면 도구를 활성화해서 사진 위에 나타난다. 중간 회색 선택 영역을 구분하기 쉽도록 루페가 있다. 예제 사진에서는 도구를 탭하고 오른쪽으로 드래그해서 놓자 체크마크가 있는 흰색 원을 탭해서 설정을 적용한 결과를 미리 보여준다(선택한 영역을 기반으로 화이트 밸런스를 보정한다). 그러므로 먼저 영역을 선택한 후 만족스럽다면 체크마크를 탭해서 설정을 적용하면 된다. 설정을 적용하면 White Balance Selector 도구는 자동으로 사라진다.

사진의 전체 밝기(노출) 보정하기

사진의 전체 밝기 혹은 어둡기를 보정하려면 [Exposure] 타일을 탭한 다음 슬라이더를 오른쪽으로
드래그하면 밝아지고 왼쪽으로 드래그하면 어두워진다. 사실 이 슬라이더는 사진의 가장 어두운 영
역과 가장 밝은 영역에는 영향을 미치지 않는다(두 영역은 [Blacks]와 [Whites] 슬라이더로 각각 조정한다).
[Exposure] 슬라이더는 중간톤 영역의 밝기만 조절하지만 중간톤은 광범위한 영역을 차지하기 때문
에 슬라이더 설정은 사진에 큰 영향을 미친다. 라이트룸 초기 버전에서는 이 슬라이더의 이름이 실
제로 "밝기" 슬라이더였지만 사진가들은 "노출"이라고 부르기 때문에 이름을 바꾼 것은 현명한 결
정이라고 생각한다. 어쨌든 [Exposure] 슬라이더는 사진의 전체 밝기를 조절한다.

Auto Tone 기능으로 자동 보정하기

어느 부분부터 보정해야 할지 모르는 사진의 경우 [Auto Tone] 타일을 탭해서 자동 보정을 적용해 보는 방법이 좋은 출발점이라고 제시할 수 있다. Auto Tone은 사진을 자동 보정하는 기능으로 간혹 꽤 좋은 결과를 얻을 수 있다. 항상 탁월한 결과를 기대할 수 없다는 점이 이 기능의 단점이다. 결과 가 마음에 들지 않는다면 [Auto Tone] 타일을 다시 탭해서 설정을 취소한다. 그러나 이 기능의 핵심 은 "좋은 결과나 나쁜 결과"를 기준으로 평가하는 것이 아니라, 보정이 까다로운 사진의 경우 출발점 을 구축할 수 있는 기능이라는 점이다. [Auto Tone]을 탭해서 자동 보정 설정을 적용했는데 만족스 러운 결과를 얻지 못하는 대부분의 경우 그 이유가 사진을 과도하게 밝게 보정하기 때문이다. 이러 한 경우에는 다음의 방법들 중 하나로 추가 보정을 적용해보자. ① [Whites] 슬라이더 설정을 '0'으 로 낮추거나, ② [Exposure] 슬라이더를 적정 노출이 될 때까지 왼쪽으로 드래그한다. 대부분의 경우 이 두 가지 슬라이더가 사진을 과도하게 밝게 만들고 자동 보정의 결과를 나빠 보이게 만드는 주범 이다. 그러므로 단순히 세 개의 슬라이더를 재조절하는 방법만으로도 나은 결과를 얻을 수 있다(하지 만 이 방법은 과도하게 밝은 사진의 경우에만 효과가 있다).

대비 효과 추가하기

사진이 밋밋해 보인다면 다음 방법으로 쉽게 보정할 수 있다. [Contrast] 타일을 탭한 다음 슬라이더를 오른쪽으로 드래그해서 대비 효과를 추가한다(또는 왼쪽으로 드래그해서 밋밋한 인스타그램의 필터 효과를 만들 수도 있다). 사람들이 자신의 사진을 평가해달라고 필자에게 보낼 때 가장 많이 발견하는 것은 후작업의 문제점이 낮은 대비라는 점 외에는 이 기능에 대해 해줄 수 있는 조언은 많지 않다. 필자는 대부분의 사진에 강한 대비 효과를 적용한다. 대비 효과는 일반적으로 가장 밝은 영역을 더 밝게 보정하고, 가장 어두운 영역을 더 어둡게 만들기 때문에 색상을 더 풍부하고 채도를 높이는 효과가 있다. 다음 챕터에서 [Tone Curve] 기능을 사용해서 대비 효과를 조절하는 방법에 대해 알아볼 것이다.

가장 밝은 영역(하이라이트) 보정하기

사진의 가장 밝은 영역은 [Highlights] 타일을 사용해서 보정한다. 하이라이트 영역이 과도하게 밝다면(예를 들어, 사진의 하이라이트 영역에 카메라의 하이라이트 경고와 같이 클리핑 현상이 나타나는 경우) 이 슬라이더를 사용해서 보정하면 된다. [Highlights] 슬라이더를 왼쪽으로 드래그해서 하이라이트 영역을 복구한다(하이라이트 클리핑 경고 기능을 활성화하는 방법은 다음 페이지 참고). 물론 슬라이더를 오른쪽으로 드래그하면 사진에서 가장 밝은 영역이 차지하는 부분이 확장된다. 대부분의 경우 하이라이트가 차지하는 영역을 축소해서 클리핑 현상을 보정하는 것이 목표이기 때문에 슬라이더를 오른쪽으로 드래그하는 경우는 드물다. 카메라는 자주 과도한 양의 하이라이트를 포착하기 때문에 [Highlights] 슬라이더를 왼쪽으로 드래그해서 디테일을 복구하는 것이다. 그러므로 슬라이더를 오른쪽으로 드래그해서 하이라이트를 추가하는 경우가 거의 없더라도 의아해하지 않기 바란다.

하이라이트 문제(클리핑 현상) 보정하기

필자가 컴퓨터의 라이트룸에서 좋아하는 기능들 중 하나인 클리핑 경고 기능이 모바일용 라이트룸에도 있지만 찾기가 약간 까다롭다. 클리핑 경고는 [Exposure], [Shadows], [Highlights], [Whitcs], [Blacks] 기능을 사용할 때 볼 수 있다. 사용 중인 기능의 슬라이더를 아무 곳이나 두 손가락으로 누르면 화면이 어두워지고 클리핑 현상이 있는 영역을 보여준다(예제 사진에서는 [Sidebar]의 'Show Touches'를 활성화해서 손가락으로 누른 부분에 빨간색 점이 나타나도록 설정했다). 예제 사진의 경우 과도하게 높은 [Whites] 설정 때문에 Red 채널에서 일부 건물들이 있는 영역과 Blue 채널에서 하늘의 일부 영역에 클리핑 현상이 나타나며, 세 개의 채널에 모두 클리핑 현상이 나타나는 하늘과 보트 일부는 흰색으로 표시되었다. 이 사진은 클리핑 현상이 심한 경우이며, 클리핑 경고 기능을 사용하면 [Whites] 슬라이더를 조정해서 보정해야 한다는 점을 알 수 있다.

역광 사진 혹은 섀도우 영역 보정하기

[Shadows] 타일을 탭하면 사진의 음영 영역을 보정할 수 있으며 필자는 디테일을 복구하거나 역광 사진을 보정하기 위해 자주 사용한다(효과가 탁월하다). 슬라이더를 오른쪽으로 드래그하면 음영 영역이 밝아지고 디테일이 나타난다. 물론 슬라이더를 과도하게 드래그하면 사진이 이상해 보일 수 있으며(사진에 따라 결과가 다르며, 어떤 사진은 '+100'으로 설정해도 괜찮다), 색상을 약간 흐릿하게 만들기도 한다. 음영 영역에 보정이 필요한데, 그 결과 색상이 흐릿해진다면 [Contrast] 타일을 탭하고 슬라이더를 오른쪽으로 약간 드래그해서 대비를 높여보자.

계조 범위 확장하기(Whites와 Blacks 영역)

[Whites]와 [Blacks] 보정 타일로 사진의 전체 계조 범위 확장이 가능하며, 그것만으로도 사진에 극적인 영향을 미칠 수 있다. 포토샵 사용자라면 [Levels] 대화창에서 [Highlights] 슬라이더를 오른쪽으로 히스토그램의 가장자리까지 드래그한 다음 [Shadows]도 오른쪽으로 히스토그램 왼쪽 가장자리까지 드래그하고, [Midtones]로 전체 노출을 조절해서 계조 범위를 확장하는 방법에 대해 알고 있을 것이다. 여기서도 유사한 방법을 사용할 것이다. [Whites] 타일을 탭해서 슬라이더를 클리핑 현상이 나타나기 직전까지 오른쪽으로 드래그한다(오른쪽 상단 모퉁이에 히스토그램이 나타날 때까지 두 손가락으로 화면을 반복해서 탭한다). 그래프가 히스토그램 오른쪽 가장자리에 닿지 않도록 주의하면서 드래그한다. [Blacks] 슬라이더도 그래프의 왼쪽 끝이 가장자리에 닿지 않도록 주의하면서 오른쪽으로 드래그한다. 이 방법으로 계조 범위를 확장한 다음에는 [Exposure] 타일을 사용해서 중간톤을 조절한다. 이것이 필자가 사진을 보정하는 순서이다. 계조 범위를 먼저 확장하면 보통 [Exposure] 설정을 약간 조절해서 사진을 살짝 밝거나 어둡게 만드는 부차적인 보정만 필요하다.

Clarity 기능으로 질감 표현하기

이번 보정 기능은 사진에 디테일이나 질감을 끌어내고 강조하고 싶은 부분이 있을 때 사용한다. [Clarity] 타일을 탭한 다음 슬라이더를 오른쪽으로 드래그하면 질감이 강해진다. 사실 이 슬라이더는 중간톤의 대비를 높이는데 그 결과 질감을 높여서 사진을 쨍하게 만든다. 그러나 슬라이더 설정을 과도하게 높이면 사진이 부자연스럽게 보이므로 주의하자. 피사체의 경계선 주변에 헤일로 현상이나 검은색 띠가 보이기 시작하면 슬라이더를 과도하게 드래그 했다는 의미이다. 슬라이더 설정 제한 범위는 사진에 따라 다르지만 보통 풍경, 자동차나 모터사이클의 사진, 도시풍경, 건축 사진처럼 선명한 경계선들이 있는 사진에는 높은 [Clarity] 설정이 적합하다. 인물의 피부와 같이 부드러운 질감의 피사체에는 높은 [Clarity] 설정이 부적합하다. 필자가 이러한 주의점을 강조하는 이유는 [Clarity] 기능을 과도하게 사용할 가능성이 크기 때문이다. 주의하지 않는다면 갓 태어난 조카의 사진이 2008년에 만든 HDR 사진처럼 보일 수 있다.

사진에 풍부한 색감 추가하기

색감을 추가하거나 빼기 위해서는 [Vibrance]와 [Saturation] 두 개의 슬라이더를 사용한다. 그러나 필자가 해주고 싶은 조언은 색감을 추가하고 싶다면 [Saturation] 슬라이더를 건드리지 말라는 것이다. 이 슬라이더는 사진의 모든 색상의 채도를 과도하게 높이기 때문에 보통 사진에 득이 되기보다는 해가 된다. 그러므로 [Saturation] 슬라이더 대신 [Vibrance]를 사용하는 것이 좋다. [Vibrance] 슬라이더는 이미 풍부한 색상을 가진 영역에는 영향을 미치지 않기 때문에 "똑똑한 [Saturation] 슬라이더"라고 할 수 있다. 대신, 사진에서 밋밋한 색감을 더 풍부한 색감으로 보정하는 데 집중하며, 인물의 피부가 있는 영역은 피하는 특별한 수학적 알고리즘도 가지고 있는 기능이다. [Vibrance] 타일을 탭한 다음 슬라이더를 오른쪽으로 드래그하면 색감이 풍부한 사진을 만들 수 있다.

사진의 채도 낮추기

사진에서 색상을 제거하고 싶다면(현재 유행하는 스타일이기 때문에 필자는 많은 인물사진에 이 효과를 적용하고 있다), [Saturation] 타일을 탭하고 슬라이더를 왼쪽으로 드래그한다. 왼쪽으로 드래그할수록 채도가 낮아진다. 왼쪽 끝까지 드래그하면 흑백사진이 된다. 어느 시점에서는 이 슬라이더를 오른쪽으로 드래그해서 색감이 풍부한 사진을 만들고 싶은 욕심이 생길 것이다. 하지만 유혹을 참고 앞 페이지의 훨씬 똑똑하고 탁월한 결과를 얻을 수 있는 [Vibrance] 슬라이더에 대한 설명을 읽어보기 바란다.

보정하는 중에 Pick 플래그와 별점 설정하기

Loupe 보기 모드에서 사진을 보정하는 중에도 Pick 플래그나 별점을 적용할 수 있다. 가장 먼저, 사진 중앙부를 탭하고 누르고 있으면 팝업 메뉴를 불러온다. '**Enable Speed Review**'를 활성화한 다음 사진의 왼쪽 가장자리를 탭하고 위로 드래그해서 Pick 플래그를 추가하거나, 오른쪽 가장자리를 탭하고 위로 드래그해서 별점 등급을 추가한다. 또한 [Action] 선택 항목의 왼쪽에 있는 세 개의 점을 탭해도 등급을 설정할 수 있다. 옵션바가 오른쪽으로 열리고 [Flag]와 [Rate] 선택 항목들 중 원하는 등급을 선택한다. 그러나 지금 [Action] 선택 항목 오른쪽에 있는 세 개의 점을 탭하면 [Edit] 아이콘을 다시 탭해서 보정 타일을 불러와야 한다.

다른 사진에 동일한 편집 설정 적용하기

작업 시간을 절약할 수 있는 강력한 라이트룸 기능인 [Apply Previous] 기능이 모바일 버전에도 있다. 이 기능은 바로 앞의 사진에 적용한 동일한 보정 설정을 한 번의 탭으로 현재 선택한 사진에 적용한다. 가장 먼저 사진을 보정한 다음 [Filmstrip] 아이콘을 탭해서 화면 하단에 불러와 설정을 적용할 사진을 찾아 탭한다. 이제 [Edit] 아이콘을 탭하고 오른쪽으로 밀면 하단에 [Previous....]라는 타일이 있다. 타일을 탭해서 팝업 메뉴를 불러오면 하단의 타일들을 사용한 기본 보정 설정만 적용하거나, 크로핑, 회전 설정 등 앞의 사진에 적용한 모든 보정 설정을 적용하는 선택 항목이 있으므로 그 중 한 가지를 선택하여 설정을 즉시 적용한다.

보정 전/후 사진 보기

보정을 하기 전의 사진을 보려면 세 손가락을 탭하고 누르고 있으면 보정 전 사진을 불러오며, 화면 상단에 'Before'로 표기해 보정 전 사진이라는 것을 알려준다. 손가락을 떼면 다시 보정 후 사진으로 돌아간다(예제 사진에서는 [Sidebar]에서 'Show Touches' 기능을 활성화해서 손가락으로 누른 지점을 빨간색 점으로 표시하도록 설정했다).

보정 전 사진으로 리셋하기

[Edit] 타일들 끝에 있는 [Reset] 타일의 기능은 보정 전으로 돌아가 다시 시작할 수 있도록 만든다. 타일을 탭하고 예제 사진과 같이 팝업 메뉴를 불러오면 'Basic Tones'를 선택해서 기본 보정 설정만 취소하거나, 'All'을 선택해서 크로핑을 포함한 모든 설정을 최소할 수 있다. 또는 'Import'를 선택해서 사진을 처음 불러온 시점으로 리셋하거나, 'Open'을 선택하면 마지막으로 사진을 열었던 시점으로 리셋한다. 사진에 적용한 설정을 취소하는 방법을 아는 것도 중요하지만 예제 사진에 빨간색 원으로 표시한 휜 화살표 아이콘의 기능도 중요하다. 이 아이콘은 [Undo] 아이콘으로 한 번 탭할 때마다 사진에 적용한 가장 최근의 설정부터 한 단계씩 취소하는 기능으로 작업할 때 매우 유용하다.

[Camera Roll]에서 사진 보정하기

휴대전화나 태블릿의 [Camera Roll]에서 라이트룸 모바일로 사진을 추가하기 위해(Collection 보기 모드나 Lightroom Photo 보기 모드 화면 하단의 [Camera Roll]을 탭한다) 사진들을 밀어서 보다가 사진을 탭하면 아직 라이트룸 모바일로 불러오지 않은 상태에서도 모든 보정 도구를 사용해서 사진을 보정할 수 있다(화면 하단의 [Edit] 아이콘을 탭해서 보정 타일들을 불러온다). 이 기능은 현재 iOS 운영체제에서만 사용 가능하다). 이 방법은 사진이 너무 어두워 라이트룸으로 불러올 가치가 있는지 판단하기 어려울 때 유용하다. 그러므로 일단 먼저 사진을 밝게 보정하거나 약간의 크로핑을 적용해서 판단할 수 있다. 필자는 데스크톱 라이트룸에서 [Library] 모듈의 [Quick Develop] 패널처럼 활용하지만 모바일용 라이트룸에서는 사실 [Quick Develop] 패널보다 더 많은 조절 기능이 있으며 [Edit] 모드에 더 가깝다. 이 기능이 데스크톱 라이트룸 버전에도 추가되길 바란다.

웹 브라우저에서 사진 보정하기

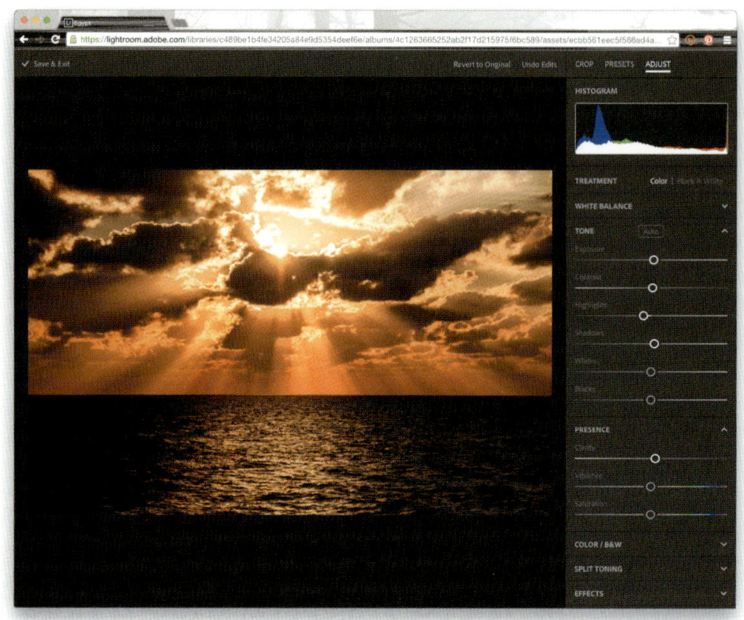

이 책 뒷부분에서 더 알아보겠지만 라이트룸 모바일로 동기화하는 컬렉션은 Lightroom Web이라고 부르는 웹 브라우저에도 있으며, 단순히 사진을 보는 기능 외에도 라이트룸 모바일과 데스크톱 라이트룸과 똑같이 다수의 [Basic] 패널 기능들과 기본 보정 기능들을 사용한 사진 보정도 가능하다. 가장 먼저 http://lightroom.adobe.com에서 어도비 ID와 패스워드로 로그인한다. Welcome 화면 오른쪽 상단 근처에 [Your Synced Catalog] 패널에 동기화한 컬렉션이나 라이트룸 모바일에 있는 사진으로 접속할 수 있는 아이콘이 있다. 사진을 클릭하면 Loupe 보기 모드로 사진을 확대하며, 왼쪽 상단 모퉁이에 [Edit] 버튼이 있다. 버튼을 클릭하면 데스크톱의 라이트룸 오른쪽 패널 영역과 유사한 패널이 오른쪽에 열리며, [Basic], [Color/B&W], [Split Toning], [Effects] 패널이 모두 있다. 패널 상단의 히스토그램 위에는 Crop 도구와 라이트룸 모바일에서처럼 다양한 프리셋들이 있다. 이 기능의 장점은 이미 인터넷에 접속되어 있기 때문에 설정에 대한 반응이 매우 빠르므로 슬라이더를 선택해서 보정을 시작하면 된다. 이 기능을 사용할 일이 있을까라는 의문이 들 것이다. 어느 날 친구의 집에 있는데 태블릿이나 휴대전화 혹은 랩톱도 없고 당장 사진을 보정해야 할 경우에 유용할 것이다. 그다지 설득력 있는 이유는 아니지만 이러한 기능이 있다는 점을 알아두면 언젠가는 필요할 수도 있다.

Lightroom Web에서 메타데이터 보기와 추가하기

Lightroom Web에서 사진을 보정할 때 라이트룸 모바일에서는 제한적으로 볼 수 있는 사진의 EXIF 데이터(카메라 기종, 조리개 설정, 셔터스피드 등)를 볼 수 있을 뿐 아니라 사진 제목과 캡션도 입력할 수 있다. 메타데이터를 추가하고 싶은 사진을 클릭해서 Loupe 보기 모드로 전환한 다음 오른쪽 하단 모퉁이에 있는 작은 파일 서랍 형태의 [Show Activity & Info] 아이콘을 클릭하면 오른쪽에 또 다른 패널 세트가 열린다. 상단의 [Photo Info] 탭을 클릭하면 패널에 제목과 캡션 입력 칸이 있다. 그 아래에는 EXIF 메타데이터가 있다. 입력을 마치면 사진 오른쪽의 화살표를 클릭하거나 파일 서랍 형태의 아이콘을 다시 클릭해서 패널을 닫는다. 설정한 제목이나 캡션은 자동으로 저장되며, 다른 기기와 동기화된다(컬렉션에 포함된 사진의 경우 데스크톱 라이트룸에도 동기화된다).

셔터스피드: 1/125초 / 조리개: f8 / ISO: 100 / 초점거리: 130mm / 모델: 마농

CHAPTER 4

기본 보정을 넘어서
유용한 추가 보정 기능들

필자는 수년 동안 데스크톱 라이트룸에 있는 [Basic] 패널의(라이트룸 모바일의 Edit 모드에서 첫 번째로 보는 보정 타일 세트) 이름을 잘못 지었다고 주상해왔다. 어도비사는 이 패널을 "필수" 패널이라고 불러야 했다. [Basic] 패널은 단순한 기본적인 조절 기능들이 아니다. 전체 노출, 대비, 색상 모드는 사진 보정에서 가장 중요한 보정 단계이다. 단 한 가지 예외를 빼고는 말이다. 필자는 수년 전 헤어진 여자친구(혹은 남자친구)와 찍은 사진에서 그들을 잘라내버리는 기능 역시 높은 평가를 받아야 한다고 생각한다. 그 이유는 무슨 원인인지는 모르겠지만 Disney On Ice 공연장 밖에서 둘이 찍은 사진이 지금까지 찍은 사진들 중 최고이기 때문이다. 그런데 Tinder 계정에 올릴 프로필 사진이 필요한데, 헤어진 여자친구가 사진 속에 있다. 그래서 "잘라내버리면 될 것 같은데"라는 생각을 하면 라이트룸 모바일로 사진을 불러와 크로핑해서 사진을 Tinder에 올리면, 수많은 지인들의 계정과 동기화된다. 그러나 그 사진은 오래전 더 어리고, 날씬하며 외모가 훨씬 나았을 때 찍은 것이다. 현재는 초콜릿 바 두 개만 더 먹으면 자바 더 헛처럼 보이기 직전이다. 어쨌든 지금 스타벅스에서 데이트 상대가 나타나기를 기다리는데, 그녀가 보자마자 비명을 지르기 시작하고, 스타벅스에 있던 사람들은 영문을 모른 채, 함께 비명을 지르기 시작한다. 그 순간, "헤어진 여자친구는 어떻게 살고 있을까…"라는 생각이 든다.

Tone Curve: Point Curve 기능

이 기능은 데스크톱의 라이트룸에서 사용하던 바로 그 [Tone Curve] 기능이다. 사진을 탭해서 Loupe 보기 모드로 전환한 다음 화면 하단의 [Action] 선택 항목들 중 [Edit] 아이콘을 탭한다. 보정 타일 들 중 가장 왼쪽의 [Shutter] 아이콘을 탭하고 [Adjust] 팝업 메뉴에서 **Tone Curve**'를 탭한다. [Tone Curve] 보정 타일들 중 왼쪽의 첫 번째 [Mode] 타일을 탭한 다음 'Point - RGB' 커브나 빨간색, 파 란색 혹은 녹색의 개별 채널 조절 커브 혹은 'Parametric' 커브를 선택한다. 'Tone Curve' 보정 커브 의 인터페이스는 화면 오른쪽 측면, 사진 위에 나타난다. 여기서는 'Point - RGB' 커브 조절부터 시 작해보자(가장 유용한 기능이라고 생각한다). 'Point - RGB'를 선택하면 사용하지 않는 타일들은 회색 으로 비활성화된다. 대신 화면에서 대각선 그래프에 보정 포인트를 추가하고 포인트를 상하로 드래 그해서 조절한다. 포인트를 추가하려면 커브 위 한 지점을 탭한다. 예를 들어, 사진의 중간톤을 조절 하려면 대각선 중앙을 탭해서 포인트를 추가하고 대각선 방향 아래로 드래그하면 중간톤을 어둡게 만들고 위로 드래그하면 밝게 만든다. 하이라이트 영역의 조절은 선 1/4 지점에 포인트를 추가하고 위로 드래그해서 밝게 만들거나 아래로 드래그해서 어둡게 만든다. 커브에서 포인트를 제거하려면 포인트를 더블 탭한다. 사진의 대비를 높이려면 "S"자 모양의 커브를 만든다. S-커브의 경사가 가파 를수록 대비가 강해진다. 커브 설정을 모두 취소하려면 보정 타일의 오른쪽 끝에 있는 [Reset] 타일 을 탭한다.

Tone Curve: Parametric Curve 기능

Parametric 커브 기능을 사용해서 보정하려면 [Mode] 타일을 탭한 다음 팝업 메뉴에서 '**Parametric**' 을 선택한다. 이 기능을 선택하면 커브가 Parametric 버전으로 전환되며, 화면 하단의 타일들이 활성 화된다(여전히 커브를 탭하고 드래그해서 조절할 수 있지만 포인트는 추가되지 않는다). 이 기능은 각각의 커 브 영역이 할당된 타일들을 사용해서 커브를 조절한다. 슬라이더를 오른쪽으로 드래그하면 해당 계 조 영역의 커브 경사도를 가파르게 조절하며, 왼쪽으로 드래그하면 경사도가 낮아진다. 예를 들어, [Highlights] 타일을 탭한 다음 슬라이더를 오른쪽으로 드래그하면 계조의 가장 밝은 영역을 조절 하는 커브 상단이 높아진다. [Lights] 슬라이더는 다음으로 밝은 영역에 해당하는 커브 영역 1/4을 조절한다. [Darks] 슬라이더는 중간 밝기의 음영 영역에 해당하는 커브 영역을(3/4 지점) 조절하며, [Shadows] 슬라이더는 가장 어두운 음영 영역을 조절한다. 만약 Point 커브 기능을 먼저 사용해서 보 정을 했다면 Parametric 커브 기능 설정은 Point 커브 보정에 부가된다. 두 기능 중에 하나의 설정만 적용하는 것이 아니라 각각 다른 기능처럼 부가되는 것이다.

Tone Curve: RGB Channels 기능

[Mode] 타일을 탭해서 불러온 팝업 메뉴에는 또 다른 커브 세트가 있다. 'Red', 'Green', 'Blue' 포인트 커브는 특정 색상 영역만 조절하거나(커브에 대한 이해도가 높지 않다면 사진의 색상을 엉망으로 만들 가능성이 크다) 특수 효과를 만들기 위해 사용한다(이 경우에는 커브 전문가가 될 필요는 없다). 커브를 사용해서 만드는 가장 일반적인 특수 효과는 패션 사진이나 인스타그램 필터를 모방하는 크로스 프로세스 효과이다. RGB 커브 중 'Point-Blue'를 선택하면 다른 커브와 똑같은 형태의 커브가 나타난다. 단지 대각선이 파란색일 뿐이다. 중앙을 탭하고 위로 드래그하면 중간톤에 파란색을 추가하고, 아래로 드래그하면 파란색을 제거해서 녹색이 더 강해진다. 예제 사진에서는 완만한 S-커브를 만들어 이와 같은 효과를 얻었다. 다른 두 가지 채널 역시 동일한 기능을 가지고 있다. 녹색 채널 커브를 위로 드래그하면 녹색을 추가하고, 아래로 드래그하면 녹색을 제거해, 그 결과 마젠타 색상이 강해진다. 그리고 빨간색 채널 커브를 위로 드래그하면 빨간색을 추가하고, 아래로 드래그하면 파란색을 추가한다(나머지 두 개의 채널 역시 S-커브로 만들었다).

비네트 현상 추가하기

이 기능은 바로 데스크톱 라이트룸의 [Effects] 패널에 있는 사진의 가장자리를 어둡게 만드는 효과를 가진 그 기능이다. 이 기능의 용도는 원래 사진 모퉁이의 렌즈 비네트 현상의 제거이지만 사진 가장자리를 어둡게 만들기 위해 사용할 수 있다. 사진을 탭해서 Loupe 보기 모드로 전환하고 화면 하단의 [Action] 선택 항목들 중 [Edit] 아이콘을 탭한다. 보정 타일들 중 왼쪽 끝의 [Shutter] 아이콘을 탭한 다음 [Adjust] 팝업 메뉴에서 **Vignetting**'을 탭한다. [Vignetting] 보정 타일들 중 오른쪽의 [Style] 타일을 탭하면 팝업 메뉴에 세 가지 스타일이 있다. 필자는 나머지 두 개보다는 'Highlights Priority' 스타일을 추천한다. 이제 사진 가장자리에 비네트 효과를 추가하기 위해 [Amount] 타일을 탭한 다음 슬라이더를 왼쪽으로 드래그해서 가장자리를 어둡게 만든다. [Midpoint] 타일을 탭하고 슬라이더를 오른쪽으로 드래그하면 효과가 사진의 모서리에 더 근접하며, 왼쪽으로 드래그하면 사진의 중심에 더 근접한다. 모서리의 비네트 현상을 제거하기 위해서는 오른쪽으로 드래그하면 된다. [Feather] 타일은 비네트 효과 경계선의 부드럽기 정도를 조절하며, 왼쪽으로 드래그할수록 경계선을 부드럽게 만들며, 오른쪽으로 드래그하면 경계선이 선명해진다. 그리고 [Roundness] 타일은 이름 그대로 오른쪽으로 드래그하면 효과를 더 동그랗고 부드럽게 만들며, 왼쪽으로 드래그하면 효과의 형태가 더 선명하며 둥근 모양의 장방형이 된다.

흑백사진 변환하기

사진을 흑백으로 변환하려면 사진을 탭해서 Loupe 보기 모드로 전환한 다음 [Action] 선택 항목에서 [Edit] 아이콘을 탭한다. 보정 타일들 중 가장 왼쪽의 [Shutter] 아이콘을 탭하고 [Adjust] 팝업 메뉴에서 '**Color/B&W**'를 선택하면 사진 오른쪽에 세로로 나열된 색상 점들이 나타난다. 다음은 보정 타일들 왼쪽에 있는 [B&W] 타일을 탭해서 흑백으로 변환하는데 사진 위에 색상 점들이 아직도 있는 것을 발견할 것이다. 이 점들은 각 색상 슬라이더로 흑백사진을 조절하는 기능이다. 예제 사진의 경우, 파란색 점을 드래그하면 하늘 영역을 조절한다. 왼쪽으로 드래그하면 하늘을 어둡게 만들고, 오른쪽으로 드래그하면 밝아진다. 일부 색상 슬라이더들은 드래그해도 사진에 변화가 없다. 그 이유는 그 색상이 컬러사진 버전에 없기 때문이다. 그러므로 흑백 버전에서 조절해도 아무 변화가 없다. 그러나 사진에 녹색의 잔디가 있다면 흑백 버전에서 녹색 슬라이더를 드래그하면 해당 영역에 영향을 미칠 것이다. 어느 슬라이더가 어느 영역을 조절하는지 확신이 없다면 점을 탭해서 드래그해보면 해당 영역을 쉽게 알 수 있다.

분할톤 효과 만들기

이 기능은 분할톤, 틴트 혹은 듀오톤 효과를 컬러나 흑백사진에 추가할 때 사용한다. 일반적으로 한 가지 색상을 섀도우 영역에 적용하고(예를 들어, 녹색) 다른 색상을 하이라이트 영역에 적용하는 방법을 사용한다(예를 들어, 노란색). 그러나 [Shadows]나 [Highlights] 영역의 [Saturation] 설정을 높이기 전에는 그 효과를 눈으로 볼 수 없으므로 그 과정부터 시작할 것이다. 사진을 탭해서 Loupe 보기 모드로 전환한 다음 화면 하단의 [Action] 항목에서 [Edit] 아이콘을 탭한다. 보정 타일들 중 [Shutter] 아이콘을 탭한 다음 [Adjust] 팝업 메뉴에서 '**Split Toning**'을 선택한다. [Split Toning] 보정 타일 왼쪽 끝에서 두 번째 타일인 하이라이트 영역의 [Saturation]을 탭해서 슬라이더를 오른쪽으로 약간 드래그하면 색상이 보이기 시작한다. 이제 [Highlights Hue] 타일을 탭하고 하이라이트 영역에 추가할 색상을 선택한다. 다음은 동일한 방법으로 섀도우 영역의 [Saturation] 설정을 높인 다음 [Shadows Hue]를 선택한다. 마지막으로 [Balance] 타일을 탭하고 슬라이더를 드래그해서 하이라이트와 섀도우 영역 사이의 색상 균형을 조절한다. 듀오톤 효과를 만들려면 먼저 사진을 흑백으로 변환하고(방법은 앞 페이지 참고) [Split Toning] 보정 타일로 돌아와 섀도우 영역의 [Saturation]과 [Shadows Hue] 슬라이더만 조절해서 갈색의 톤을 만든다. 하이라이트 영역 슬라이더는 조절하지 않아도 된다.

개별 색상 보정하기

한 가지(혹은 두세 가지) 특정 색상의 채도를 높이고 싶다면(예를 들어, 필자는 하늘에 파란색을 더 추가하고 싶은 경우가 자주 있다), 화면 하단의 보정 타일들 중 [Shutter] 타일을 탭한 다음 [Adjust] 팝업 메뉴에서 '**Color/B&W**'을 선택한다(바로 데스크톱 라이트룸의 [HSL/Color/B&W] 패널과 동일한 기능이다). 그러면 사진 위에 개별 색상을 각각 드래그해서 조절할 수 있는 여러 개의 색상 점이 나타난다. 사진의 파란색을 조절하고 싶다면, 파란색 점을 드래그하기 전에 원하는 조절 기능을 선택해야 한다. [Hue] 타일을 탭한 다음 파란색 점을 드래그하면 파란색을 다른 색상으로 변환한다. [Saturation] 타일은 파란색의 채도를 조절한다. [Luminance] 타일은 파란색의 밝기를 조절한다. 그러므로 먼저 보정하고 싶은 것을 파악하고 타일을 선택하는 것이 중요하다. 예제 사진의 경우, 하늘의 색상을 더 깊고 풍부한 색으로 보정하기 위해 [Luminance] 타일을 탭하고 파란색 점을 왼쪽으로 드래그한 다음 [Saturation] 타일을 탭하고 점을 오른쪽으로 드래그했다. 그러나 모든 라이트룸의 기능들과 마찬가지로 왼쪽으로 과도하게 드래그하면 색상들 사이의 경계 전환이 눈에 띄게 드러나게 되므로 주의한다.

뿌연 사진 보정하기

이번에는 안개가 낀 것처럼 뿌연 사진을 보정하는 비법에 대해 알아보자. 사진을 탭해서 Loupe 보기 모드로 전환한 다음 화면 하단의 [Action] 선택 항목들 중 [Edit] 아이콘을 탭한다. 보정 타일들 맨 왼쪽의 [Shutter] 아이콘을 탭하고 [Adjust] 팝업 메뉴에서 '**Dehaze**'를 선택한다. 이제 [Dehaze] 타일을 탭하고 슬라이더를 오른쪽으로 드래그해서 아지랑이나 안개 등을 제거한다(이 기능은 안개를 제거하기 위한 특수 대비 효과를 만들지만, 필자는 추가의 대비 효과가 필요한 다양한 종류의 사진에 사용한다). 반대로 슬라이더를 왼쪽으로 드래그하면 안개가 낀 것처럼 보이게 만들며, 아침 안개 효과를 만들기에 적합하다. 사용법이 간단한 기능이지만 그 뒤에 숨은 수리는 놀라우며, Dehaze 기능이 소개된 후 많은 팬을 확보했다.

Graduated(Linear) Filter 기능으로 하늘과 다른 영역 보정하기

마치 렌즈에 착용한 ND 점진 필터처럼 하늘을 어둡게 만들고 지평선과 만나는 지점까지 점진적으로 밝아지도록 보정하려면 [Graduated Filter] 기능을 사용한다(라이트룸 모바일 버전에서는 [Linear Selection] 기능이라고 부른다). 사진을 탭해서 Loupe 모드로 전환하고 화면 하단의 [Local Adjust] 아이콘을 탭한다(현재는 iOS 운영체제에서만 사용이 가능하다). 보정 타일들 왼쪽의 [Linear Selection] 아이콘이 선택되어 있는지 확인한다(그렇지 않다면 아이콘을 탭하고 '**Linear Selection**'을 탭한다). 이제 화면 상단을 탭하고 지평선까지 아래로 드래그해서 점진 효과의 적용 영역을 설정한다. 더 멀리 드래그할수록 효과의 영향을 받는 영역이 넓어진다. 효과의 영향을 가장 많이 받는 영역은 빨간색으로 나타나고 투명한 지점까지 점진적으로 밝아진다. 선택 영역의 회전은 흰색 선의 중앙을 탭하고 원을 그리듯이 드래그한다. 점진 효과의 단계를 조절하려면 흰색 선의 외부를 탭하고 안쪽/바깥쪽으로 드래그한다. [Exposure] 타일을 탭하고 슬라이더를 왼쪽으로 드래그해서 하늘을 어둡게 만든다. 또한 다른 보정 기능도 사용이 가능한데, [Color Hue] 기능으로 선택 영역의 하늘을 다른 색상으로 변환할 수 있다. 물론 이 기능은 하늘의 보정뿐 아니라 인물사진에 사용해서 얼굴은 밝고 사진 하단으로 갈수록 점차 어두워지게 만들 수도 있다. 필자는 조명으로 점진 효과를 만들지 않은 사진에 이 필터 기능으로 하단부터 얼굴 바로 밑부분까지 드래그한 다음 [Exposure] 설정을 낮춰 하단은 어둡고 얼굴로 올라갈수록 밝아지게 만든다. 점진 필터 효과 설정을 복사하려면 중앙의 핀을 탭하고 누른 채 '**Duplicate Selection**'을 선택한다. 설정을 삭제하려면 화면 왼쪽 상단의 휴지통 아이콘을 탭한다. 다른 Linear Selection 효과를 만들려면 왼쪽 상단의 [+] 아이콘을 탭한다.

Radial Filter 기능으로 스포트라이트 효과 만들기

이 필터의 선택 영역은 타원형이며, 선택 영역 내부나 외부에만 효과를 적용할 수 있다(필자는 이 방법으로 인물사진이나 제품사진에 스포트라이트 효과를 만든다). 가장 먼저 사진을 탭해서 Loupe 모드로 전환하고, 하단의 [Local Adjust] 아이콘을 탭한다(현재는 iOS 운영체제에서만 사용이 가능하다). 보정 타일들 왼쪽의 아이콘을 탭한 다음 '**Radial Selection**'을 탭한다(물론 설정을 적용할 영역 선택은 여러분에게 달렸다). 선택 영역의 위치를 변경하려면 중앙핀을(설정을 적용할 영역은 빨간색으로 표시된다) 탭하고 원하는 위치로 드래그한다. 선택 영역의 회전은 흰색 선을 탭하고 원을 그리듯이 드래그한다. 선택 영역 경계의 부드러운 정도를 조절하려면 타원형 상단의 큰 원형 조절핀을 탭하고 타원형 경계를 따라 드래그하면 화면 상단에 조절값이 표시된다. 설정값이 클수록 타원형의 중앙과 외부 영역 사이의 변환 단계가 부드러워진다. 타원형의 크기를 조절하려면 작은 조절핀들 중 하나를 탭하고 드래그한다. 선택 영역의 위치를 설정한 다음에는 화면 하단의 [Edit] 보정 타일들을 사용해서 보정한다. 선택 영역 내부에 스포트라이트 효과를 만들려면 필자는 [Exposure] 슬라이더를 왼쪽으로 약간 드래그해서 외부 영역을 어둡게 만든다. [Radial Selection] 설정을 복사하려면 중앙핀을 탭하고 누른 채 팝업 메뉴에서 '**Duplicate Selection**'을 선택한다. 설정을 삭제하려면 화면 왼쪽 상단의 휴지통 아이콘을 탭한다. 다른 [Radial Selection] 효과를 만들려면 왼쪽 상단의 [+] 아이콘을 탭한다.

자동 렌즈 보정 적용하기

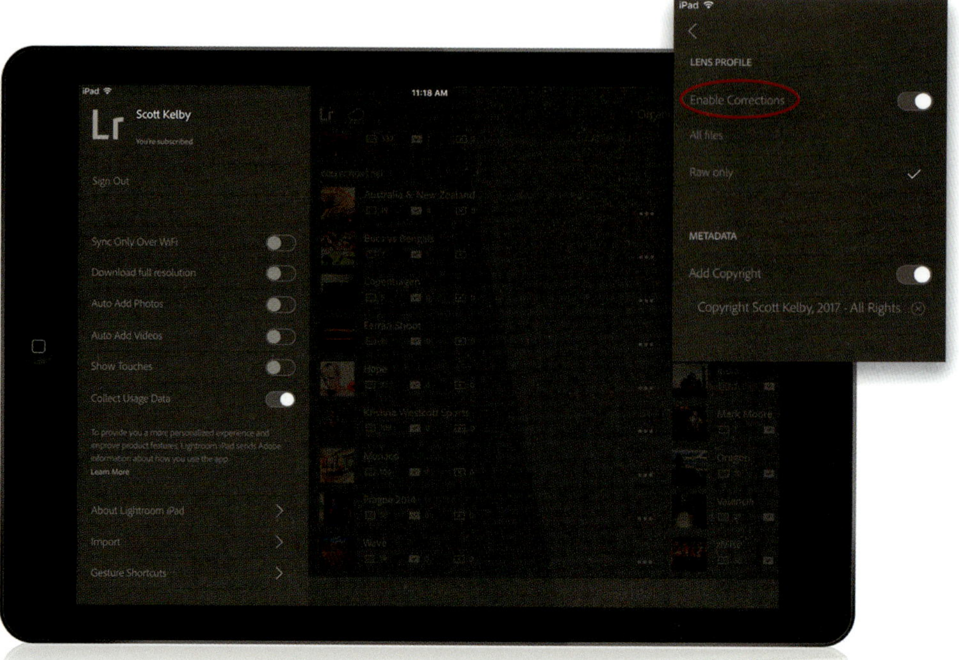

컴퓨터의 라이트룸에 자신이 사용하는 렌즈 기종의 프로필이 내장되어 있다면 모바일 기기로 불러오는 사진에 렌즈 프로필을 자동 적용할 수 있다. 그 방법은 다음과 같다. Collection 보기 모드에서 화면 왼쪽 상단의 작은 [LR] 아이콘을 탭해서 사이드바를 연다. 거의 중간에 있는 [Import]를 탭해서 불러오기 기능 목록을 열고 '**Enable Corrections**'를 활성화한다. 그리고 하단에서 렌즈 프로필을 RAW 형식 사진에만 적용할지, 불러오는 모든 사진에 적용할지 설정한다.

DSLR에서 불러온 RAW 형식 사진 보정하기

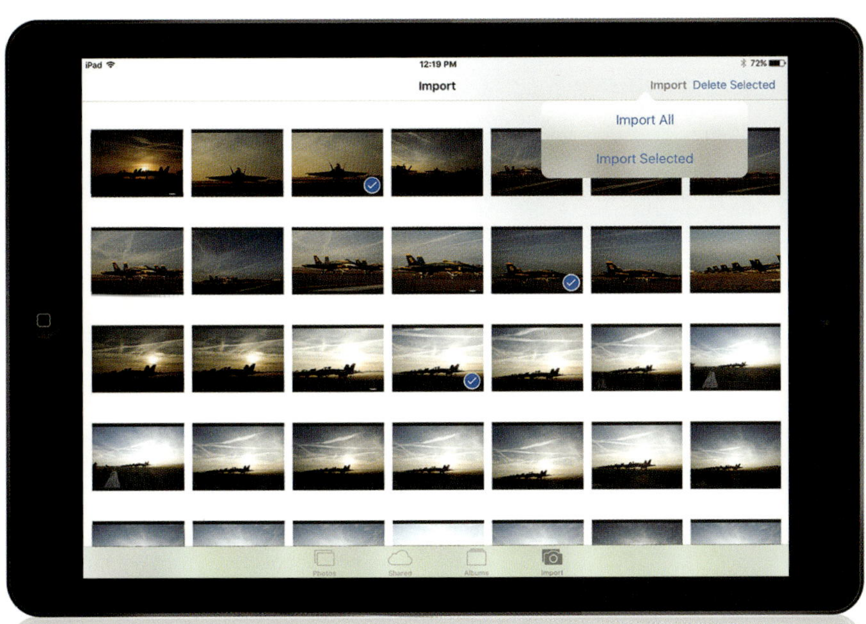

DSLR 혹은 미러리스 카메라에서 RAW 형식의 사진을 바로 불러와 보정하려면 메모리 카드에서 사진을 바로 라이트룸 모바일로 불러와야 한다(현재 이 기능은 애플 iOS 운영체제에서만 사용이 가능하다. 애플 기기는 RAW 파일 인식 기능이 내장되어 있지 않기 때문에[곧 이 기능이 포함될 것이라는 발표는 있었다] 단순히 RAW 파일을 이메일로 전송하거나 [Dropbox] 혹은 다른 클라우드 서버를 통해 파일을 열 수 없으므로 메모리 카드를 아이폰이나 아이패드에 연결해서[Apple사의 iPad Camera Connection Kit이나 Lightning을 SD Camera Reader와 연결하거나 Lightning을 카메라의 USB Camera Adapter에 연결] 사진을 모바일 기기로 불러와야 라이트룸 모바일로 불러올 수 있다). 사진을 불러오는 방법은 카메라의 메모리 카드와 연결하면 예제 사진과 같이 아이폰이나 아이패드의 [Import] 탭이 나타나며, 여기에서 [Camera Roll]에 저장할 RAW 파일을 선택한다(RAW 파일은 JPEG 파일보다 파일 크기가 크기 때문에 너무 많은 파일을 불러오면 모바일 기기의 저장 공간이 금방 차버리므로 최고의 사진들만 선택하는 것이 낫다). 그리고 그 다음에 Collection 보기 모드 하단에 있는 [Camera Roll]을 오른쪽으로 밀어서 선택해야 라이트룸 모바일로 불러올 수 있다. RAW 형식 사진에는 "RAW"라는 표시가 되어 있다.

[Develop] 모듈 프리셋 적용하기

이번에 알아볼 것은 꽤 멋진 보정 기능이다. Loupe 보기 모드에서 하단의 [Action] 선택 항목 왼쪽에서 세 번째에 있는 [Preset] 아이콘을 탭하면 [Develop] 모듈의 다양한 프리셋들을 사용할 수 있다(각 타일에는 팝업 메뉴가 있으며, 예제 사진에서는 [Creative] 타일을 탭했다). 한 번의 탭으로 효과를 적용할 수 있기 때문에 편리하며, 프리셋을 적용한 후에는 여전히 [Basic] 패널의 보정 기능들을 설정할 수 있다.

프리셋 미리보기 사용하기

예제 사진에서는 [Sepia Tone]을 탭해서 효과를 적용했다. 필자는 어도비사가 프리셋 팝업 메뉴에서 각 프리셋의 적용 결과를 미리볼 수 있도록 작은 미리보기 섬네일을 만든 점이 무척 마음에 든다. 타일을 일일이 탭하지 않아도 미리보기 섬네일을 보고 프리셋을 선택할 수 있기 때문에 시간을 절약할 수 있다. 각 프리셋 타일에 표시된 숫자는 해당 카테고리에 속한 프리셋의 개수이다(예를 들어, [Creative] 타일에는 "8"이라고 표시되어 있다. 팝업 메뉴에 8가지 프리셋이 있다는 의미이다). 컴퓨터의 라이트룸에서 프리셋을 직접 만들어 모바일 기기를 가져올 수 있는지 궁금하다면 79페이지를 읽어보기 바란다.

프리셋 조절하기

여기서는 [Color] 타일을 탭해서 'Cool' 프리셋을 선택했지만 결과를 보니 약간 더 밝았으면 좋겠다고 느꼈다. 다행히 프리셋을 적용한 후에도 노출과 섀도우 영역을 보정할 수 있으므로 [Edit] 아이콘을 탭해서 보정 타일로 돌아가면 된다. 예제 사진의 경우, [Shadows]를 탭해서 슬라이더를 활성화하고 '+51'까지 드래그해서 섀도우 영역을 밝게 보정했다. 'Split Tone' 프리셋을 선택한다면 분할톤 효과의 색상들 사이의 균형이나 채도 역시 조절이 가능하다는 점도 기억하자(보정 타일들 오른쪽 끝에 있는 [Adjust] 팝업 메뉴에서 'Split Toning'을 선택한 다음 조절한다). 또한 'B&W' 프리셋을 선택하거나 'Vignette' 프리셋 설정을 보정하는 경우 사진의 개별 영역 또한 조절이 가능하다(이 기능 역시 [Adjust] 팝업 메뉴에서 선택한다).

여러 개의 프리셋 적용하기

어떤 경우에는 여러 개의 프리셋 효과를 병합할 수 있는데, 가장 탁월한 결과를 얻을 수 있는 경우
는 비네트 효과나(사진의 가장자리를 어둡게 만드는 효과) 노이즈나(거친 입자) 블러 비네트 효과를 추
가하는 [Effect] 프리셋을 사용할 때이다. 그 이유는 [Split Toning]이나 [HSL] 패널 혹은 다른 효
과를 적용하면 변화를 줄 가능성이 있는 기능을 사용하지 않는 효과이기 때문이다. [B&W] 프리셋
을 적용한 후 [Color] 프리셋을 추가로 적용한다면 다시 컬러 사진이 되어버린다. 그러나 첫 번째
로 적용한 프리셋 효과에 노이즈나 비네트 효과 프리셋을 추가한다면 두 가지 효과를 병합한 사진
이 된다. 예제 사진에는 [B&W] 프리셋들 중 'Film2'를 적용한 후, [Effect] 프리셋 타일을 탭하고
'Grain(Heavy)' 프리셋을 추가해서 필름 사진과 같은 거친 입자 효과를 만들었다.

설정을 복사해서 다른 사진에 적용하기

이번 기능은 우리가 컴퓨터의 라이트룸에서 항상 사용하는 것이며, 모바일 기기의 라이트룸에서도 사용할 수 있다. Loupe 보기 모드에서 설정을 복사할 사진을 탭하고 누르면 열리는 팝업 메뉴에서 'Copy Settings'를 선택한다. 그러면 예제 사진 왼쪽에 보이는 메뉴를 불러오고 모든 설정을 복사하도록 기본설정이 되어 있다. 그러나 복사에서 제외할 설정을 탭하면 선택 해제해서 원하는 설정만 복사할 수 있다. [OK] 버튼을 탭하고 복사한 설정을 적용할 사진을 밀어서 찾은 다음 탭하고 누르면 열리는 팝업 메뉴에서 'Paste Settings'를 선택하여 설정을 적용한다.

라이트룸 모바일에 없는 기능을 복사해서 적용하기

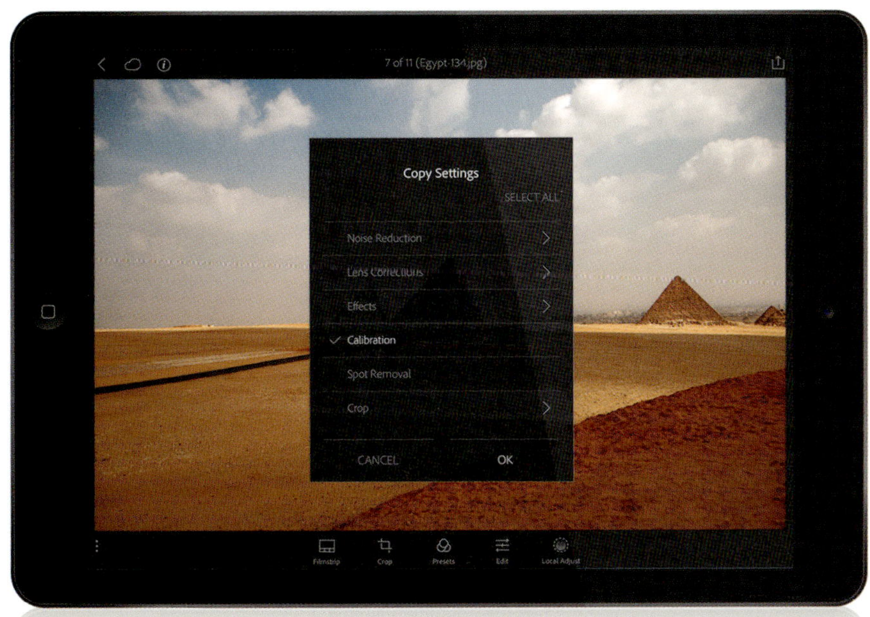

이번에 알아볼 것은 모바일 기기의 라이트룸에 없는 기능을 사용할 수 있는 비법이다. 모바일용 라이트룸은 컴퓨터의 라이트룸에 있는 모든 기능을 가지고 있지 않다. 예를 들어, [Camera Calibration] 기능이 없다. 그러나 컴퓨터의 라이트룸에만 있는 기능을 적용한 사진을 라이트룸 모바일로 불러오면 그 설정을 복사해서 모바일 기기에 있는 다른 사진에 적용할 수 있다. 그 방법은 다음과 같다. 컴퓨터의 라이트룸에서 라이트룸 모바일에 없는 기능을 적용한 사진에서 'Copy Settings'를 선택하고 팝업 메뉴가 열리면 메뉴 하단으로 스크롤 해보자. 예제 사진의 경우 [Camera Calibration] 설정을 적용했으므로 하단으로 스크롤한 다음 'Calibration'을 탭하고 나머지 항목들은 모두 탭해서 비활성화했다. 이제 그 보정 설정들을 저장하고 모바일 기기에 있는 다른 사진에 적용할 수 있다. 훌륭하지 않은가?

라이트룸 모바일에 없는 보정 기능 컬렉션 만들기

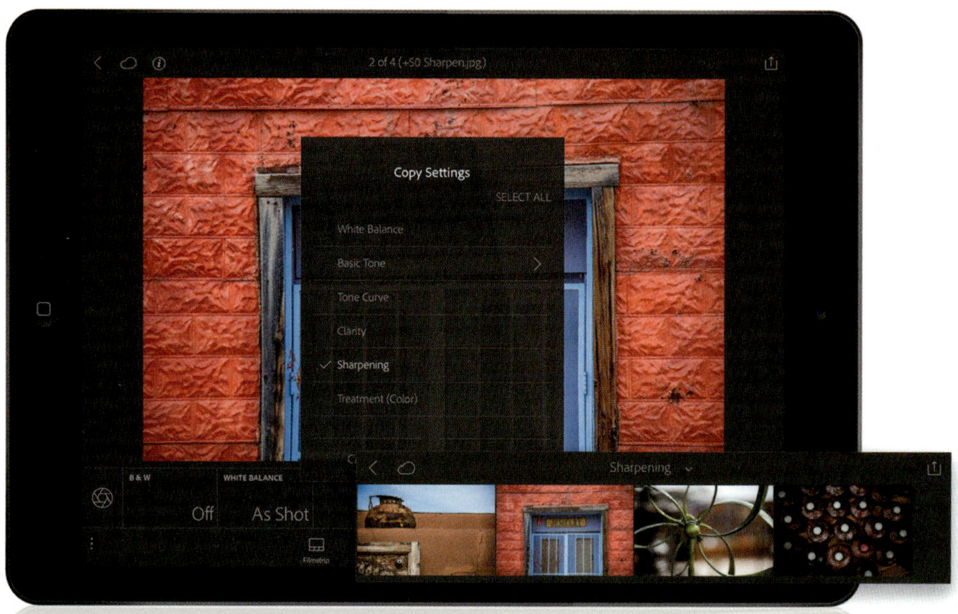

라이트룸 모바일에 없는 기능의 설정을 데스크톱 라이트룸에서 적용하는 방법을 배웠으니 이제는 컴퓨터의 라이트룸에서 편집 설정을 적용한 사진들을 모아서 모바일 기기의 라이트룸에 동기화할 수 있게 컬렉션을 만들어보자. 샤프닝 기능을 예로 들어보자. 라이트룸에는 이 기능이 없지만 앞에서 배운 복사해서 적용하는 방법으로 모바일 기기의 사진에 적용할 수 있다. 가장 먼저 컴퓨터의 라이트룸에서 사진을 선택하고 샤프닝 효과를 적용한 후 설정값을 기억해두자(예를 들어, '+50'). 설정을 적용한 사진을 [Sharpening]이라고 이름을 붙인 컬렉션에 추가한 다음 사진의 이름을 '+50 Sharpen' 으로 바꾼다. 다른 사진을 선택하고 샤프닝을 '+75'로 설정하고 동일한 방법으로 컬렉션에 추가한다. 이제 이 [Sharpening] 컬렉션을 라이트룸 모바일로 동기화하고 설정을 복사해서 라이트룸 모바일에 있는 다른 사진에 적용할 수 있다.

직접 만든 프리셋 컬렉션 만들기

앞 페이지들에서 배운 설정을 복사해서 적용하는 방법을 활용해보자. 샤프닝이나 카메라 캘리브레이션과 같은 개별 보정 기능을 복사해서 적용하는 대신 그동안 모두가 원했던 다운로드가 가능한 제 3자가 만든 라이트룸 프리셋을 라이트룸에서 사용하는 것은 어떨까? 일반적인 방법으로는 불가능하지만 복사해서 적용하는 방법을 사용한다면 가능하다. 그 방법은 다음과 같다. 컴퓨터의 라이트룸에서 보정을 하지 않은 사진을 연다. 제 3자가 만든 프리셋을 사진에 적용한다(인터넷에서 다운로드하거나 필자의 저서 〈DSLR 사용자를 위한 어도비 포토샵 라이트룸 CC〉에 포함된 프리셋들을 사용해도 된다). 그리고 사진의 파일명을 적용한 프리셋 이름으로 바꾼다(Grid 보기 모드에서 사진을 클릭하고 [Library] 메뉴에서 'Rename Photo'를 선택해서 변경한다). 이와 같은 방법으로 라이트룸 모바일에서 사용하고 싶은 프리셋을 적용한 사진들을 만들고 [Third Party Presets]라는 컬렉션을 만든다. 컬렉션을 라이트룸 모바일과 동기화하면 사진에 적용한 제 3자 프리셋 설정을 복사해서 라이트룸 모바일에 있는 다른 사진에 적용할 수 있다(예제 사진의 경우 매우 거친 질감 효과 프리셋을 적용했다). 이와 같은 방법으로 적용한 프리셋은 다양한 재조절이 불가능할 수 있다는 점을 기억해두자.

셔터스피드: 1/1000초 / 조리개: f4 / ISO: 200 / 초점거리: 560mm / 장소: 탬파, 플로리다, 버커니어 대 팔콘스 경기

CHAPTER 5

크로핑과
그와 유사한 기능들
회전도 크로핑의
일종이지 않은가?

크로핑이 얼마나 중요할까? 크로핑의 중요성에 대한 이해를 돕기 위해 다음 이야기를 예로 들어보자. 어도비사는 몇 년 전에 다수의 포토샵 크로핑 기능들을 업데이트하는데 시간을 들였으며, 크로핑 기능은 포토샵에서 가장 많이 사용되는 기능이다. 그러므로 꽤 중요한 기능임은 분명하다. 물론 라이트룸 모바일에도 크로핑 기능이 있지만 신나게 사진을 자르기 전에 역사적 관점에서 "CROP"이라는 용어에 대해 알고 있는 것도 중요하다고 생각할 뿐만 아니라 흥미로운 이야기이기도 하다(또한 많이 알려지지 않은 이야기이다). "CROP"이라는 용어는 원래 "Careful Realignment Of Photo(면밀한 사진의 재정렬)"의 약자이다. 그런데 1970년대 후반에 미국 일리노이즈 대학의 사진 연구가가 용어의 근원은 "테소라" 기법을 사용해서 사진을 자른 유명한 포르투갈 정물사진가 Carlos Remedios Ovidio Perez라는 사실을 발견했다. 그의 크로핑 기법은 라틴 사진계에 널리 알려졌고 "카를로스 엘 크로파데로!"라는 별명을 얻게 되었는데 대충 직역하자면 "존 웨인 씨처럼 자르는 외로운 카우보이 카를로스"이다.

사진 크로핑하기

사진을 크로핑하려면 Loupe 모드에서 사진을 탭해서 연 다음 화면 하단의 [Action] 선택 항목들 중 [Crop] 아이콘을 탭해서 Crop 도구를 활성화한다. 도구를 활성화하면 예제 사진과 같이 사진 전체를 둘러싼 크로핑 경계선이 나타나며, 하단에 한 번의 클릭으로 [1×1], [5×4] 등의 선택할 수 있는 종횡비와 사진의 변환과 보정을 하기 위한 타일들이 있다. 사진을 크로핑하려면 경계선의 옆면이나 모서리를 잡고 원하는 대로 드래그한다. 잘려나갈 부분이 여전히 보이지만 짙은 회색으로 표시된다 (예제 사진의 경우 오른쪽에 있는 선수가 잘려나갈 것이다). 크로핑을 하지 않은 원본 사진으로 돌아가려면 크로핑 경계선 내부 아무 곳이나 더블 탭하거나 오른쪽 상단의 휘어진 활 모양의 [Undo] 아이콘을 탭한다. 크로핑 설정을 적용하려면 오른쪽 하단의 체크마크를 탭한다. 크로핑 기능을 비활성화하려면 왼쪽 하단의 [×] 아이콘을 탭한다.

크로핑 종횡비 프리셋 적용하기

원하는 특정 크기의 종횡비를 알고 있다면 첫 번째 [Aspect] 타일을 탭하고 팝업 메뉴의 프리셋 크기 목록들 중 원하는 종횡비를 선택한다. 예제 사진에서는 [4×3]을 선택해서 적용했다. 종횡비 프리셋을 선택하면 크로핑 경계선이 새로운 종횡비로 업데이트된다. 종횡비를 선택한 다음에는 사진을 탭하고 드래그해서 구도를 조절할 수 있다.

자유 형식 크로핑하기

두 번째 [Aspect] 타일을 탭하면 'Locked' 상태에서 'Free'로 전환한다. 그 의미는 특정 종횡비 프리셋의 제약을 받지 않는다는 것이다. 그러므로 크로핑 경계선의 가장자리나 모서리 아무 곳이나 탭하고 드래그해서 다른 세 면에는 영향을 주지 않고 원하는 위치로 이동할 수 있다(컴퓨터 라이트룸의 Crop Overlay 도구에서 [Unlock] 아이콘을 클릭하는 것과 동일한 기능이다). 예제 사진의 경우 'Free'를 탭하고 크로핑 경계선의 각 면을 드래그해서 이와 같은 구도를 만들었다.

사진의 수평 맞추기

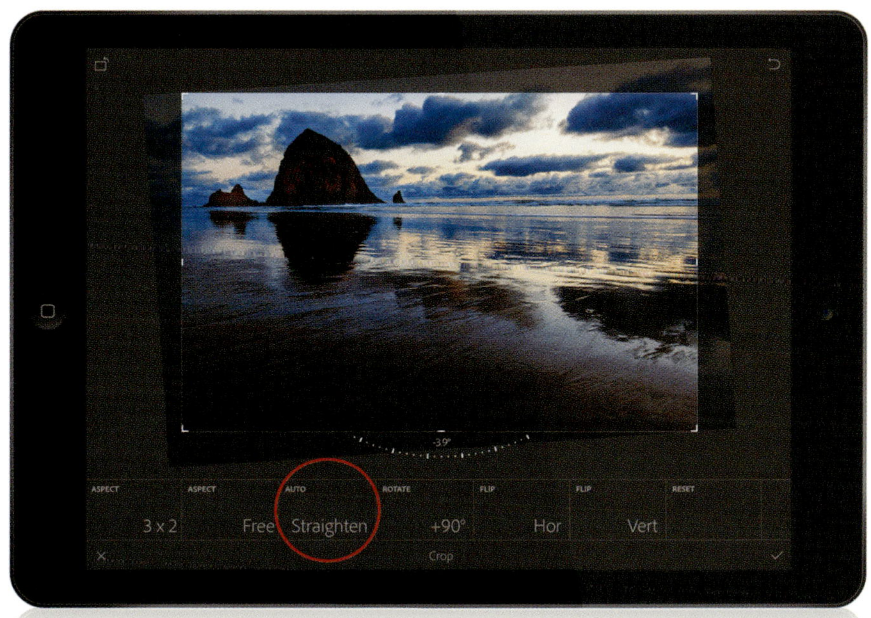

예제 사진의 경우 수평선이 기울어져 있는데, 풍경 사진에서는 치명적인 단점이 될 수 있다. 라이트룸 모바일에서는 기울어진 사진의 자동 보정이 가능하다. Loupe 모드에서 기울어진 사진을 탭하고 화면 하단의 [Action] 선택 항목에서 [Crop] 아이콘을 탭해서 크로핑 도구를 활성화한다. [Auto Straighten] 타일을 탭하면 몇 초 안에 자동으로 분석해서 사진을 회전해서 수평을 맞춘다.

수동으로 사진 회전하기

크로핑 경계 안의 사진을 수동으로 회전하고 싶다면 경계선 외부를 탭하고 누른 채 상/하로 드래그
하면 사진이 회전한다(크로핑 경계선이 아닌 사진이 회전한다). 또한 사진 밑에 있는 [Cropping Wheel]
을 탭하고 드래그해도 사진을 회전할 수 있다. 사진을 회전하면 예제 사진과 같이 사진 위에 그리드
가 나타나서 도움을 준다. 여기서는 두 번째 [Aspect] 타일을 탭하고 경계선을 자유롭게 이동할 수
있도록 'Free'를 선택한 다음 경계선 외부를 탭하고 드래그해서 사진의 수평을 맞추었다.

사진 90° 회전하기

사진을 90° 회전하려면 [Rotate] 타일을 탭한다. 타일을 한 번 탭할 때마다 사진이 90° 회전한다. 아이폰이나 안드로이드 기기에서는 공간을 절약하기 위해 [Rotate] 타일이 하나의 [Orientation] 타일로 결합되어 있으며, 탭하면 팝업 메뉴를 불러와 [Rotate +90°]를 선택할 수 있다(또는 [Flip Horizontal]이나 [Flip Vertical]을 선택할 수 있다. 이 두 가지 기능에 대해서는 곧 알아볼 것이다).

사진 뒤집기

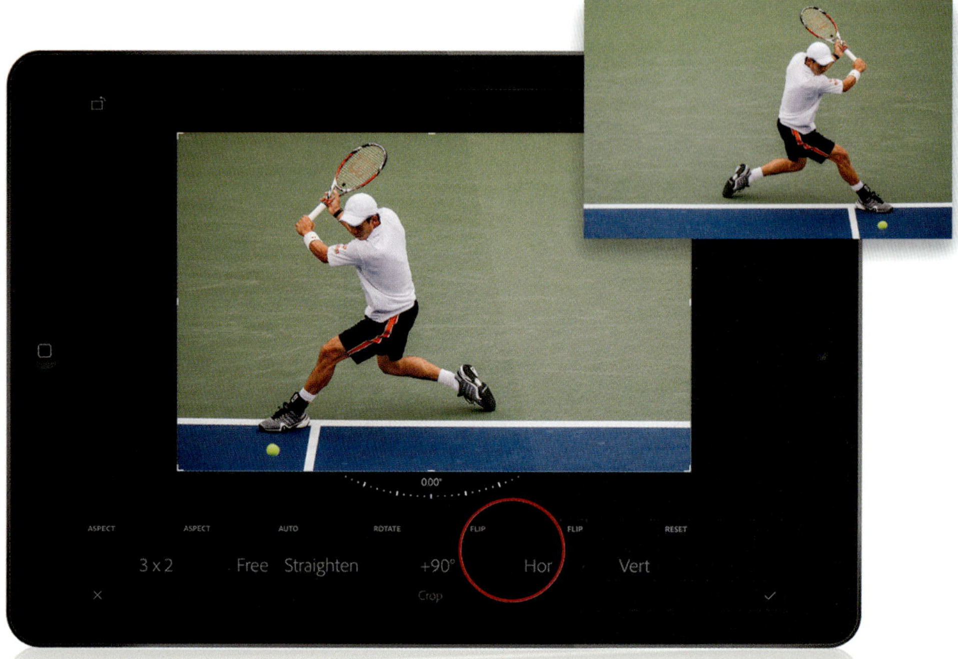

사진을 가로로 뒤집으려면 예제 사진과 같이 [Flip Hor] 타일을 탭한다. 물론 [Flip Ver]를 탭하면 사진을 상하로 뒤집는다. 아이폰이나 안드로이드 기기에서는 공간을 절약하기 위해 [Flip] 타일이 하나의 [Orientation] 타일로 결합되어 있으며, 탭하면 팝업 메뉴를 불러와 [Flip Horizontal]이나 [Flip Vertical]을 선택할 수 있다(또는 앞 페이지에서 배운 것처럼 [Rotate +90°]를 선택할 수 있다).

크로핑 프레임 종구도로 회전하기

크로핑 경계선은 기본적으로 횡구도이지만, 종구도로 회전하고 싶다면 화면 왼쪽 상단의 [Rotate Photo] 아이콘을 탭한다(예제 사진에서 빨간색 원으로 표시한 아이콘).

셔터스피드: 1/6초 / 조리개: f7.1 / ISO: 200 / 초점거리: 24mm / 장소: 스테이트 극장, 시드니, 호주

CHAPTER 6

사진 공유하기
자신의 작품을
세상과 공유하는 방법

과거에는 자신의 사진을 가족과 이웃 외의 사람들에게 보여줄 수 있는 방법이 잡지나 신문에 사진이 실리는 것 외에는 없었다. 그러나 대부분의 사진가들에게는 거의 불가능한 일이었다. 그 이유는 강력한 사진편집장 연합이 정기간행물을 통제하고 있었기 때문이다. 그들은 잠재적 기고자들에게 그들의 사진이 퇴짜를 맞았을 뿐 아니라 어느 곳에서든지 그들의 작품을 실어줄 것이라는 생각조차 부끄러워해야 한다는 간단명료한 편지를 보내 알려주는 것을 인생의 낙으로 삼는 사람들이다. 그 결과, 그들에게 남은 단 한 가지 선택은 장비를 처분할 뿐만 아니라 애초에 카메라 상점에서 장비를 판매한 직원을 찾아내 그의 일시적인 판단 오류로 인해 카메라를 사게 만들었다고 혼내는 것이다. 이제는 상황이 변해서 예전의 사진편집장들은 현재 뉴저지 주의 파라머스에 있는 웨스트필드 가든 스테이트 플라자의 주차장 직원으로 근무하고 있다. 이것은 실화이다.

사진 공유하기

Loupe 보기 모드에서 사진을 볼 때 화면 오른쪽 상단 모퉁이에 있는 [Collection Option] 아이콘을 탭한다(위로 향한 화살표). 팝업 메뉴에서 '**Share**'를 선택하면 'Image Size'가 있는 또 다른 팝업 메뉴를 불러온다. 원하는 사진 크기를 선택하면 라이트룸이 사진을 준비하며 사용하는 기기와 다운로드 앱에 따라 이메일이나 문자 메시지로 전송하거나 페이스북에 공유하거나 기기에 저장할 수 있는 다양한 공유 선택 항목이 나타난다. 컬렉션에 있는 여러 개의 사진을 공유하려면 [Collection Option] 아이콘을 탭하고 'Share'를 선택한 다음 공유할 사진들을 탭해서 선택한다(사진들이 나란히 붙어 있다면 탭하고 드래그해서 일괄 선택한다). 사진을 선택한 다음에는 오른쪽 상단 모서리를 체크한다. [Image Size] 대화창에서 크기를 선택하면 공유 선택 항목 팝업 메뉴에서 원하는 공유 형식을 설정한다.

컬렉션 공유하기

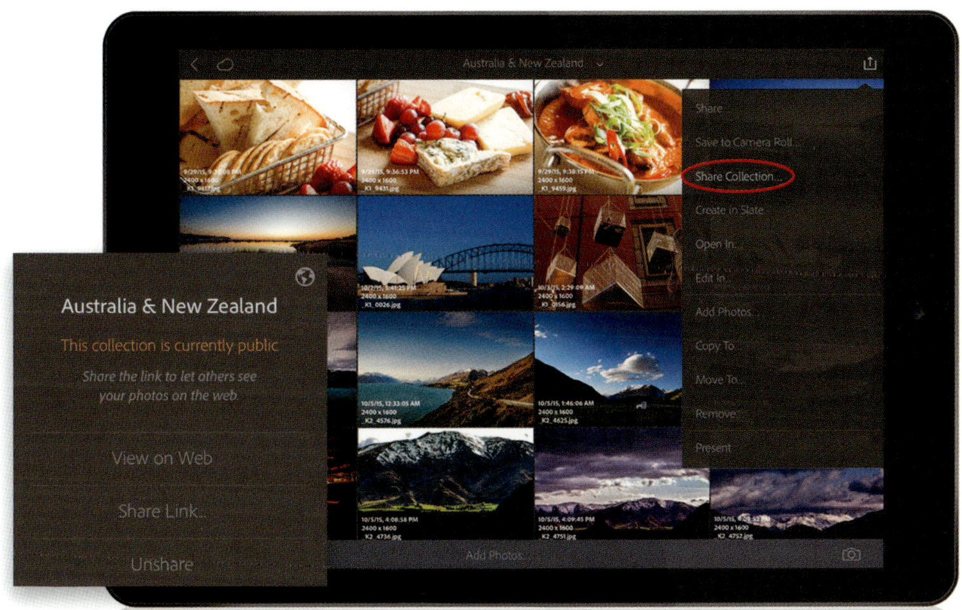

컬렉션 전체를 공유하고 싶다면 해당 컬렉션을 위한 웹페이지를 만들어 공유할 사람에게 링크를 보
내거나 페이스북이나 트위터에 링크를 공유하는 방법을 사용한다. 컬렉션을 볼 때 화면 오른쪽 상단
모서리의 [Collection Options] 아이콘을 탭하고 '**Share Collection**'을 선택한다. 그리고 대화창에서
'Share'를 선택하고 자신이 먼저 확인할 수 있도록 컬렉션을 위해 만들어진 웹페이지로 넘어가거나
이메일, 문자 메시지 등을 통해 바로 공유한다. 또한 동일한 방식으로 어떤 컬렉션이든지 공유를 중
지할 수 있다. 대화창에서 'Unshare'를 선택하면 컬렉션을 다시 비공개로 설정한다.

다른 앱에서 사진 열기

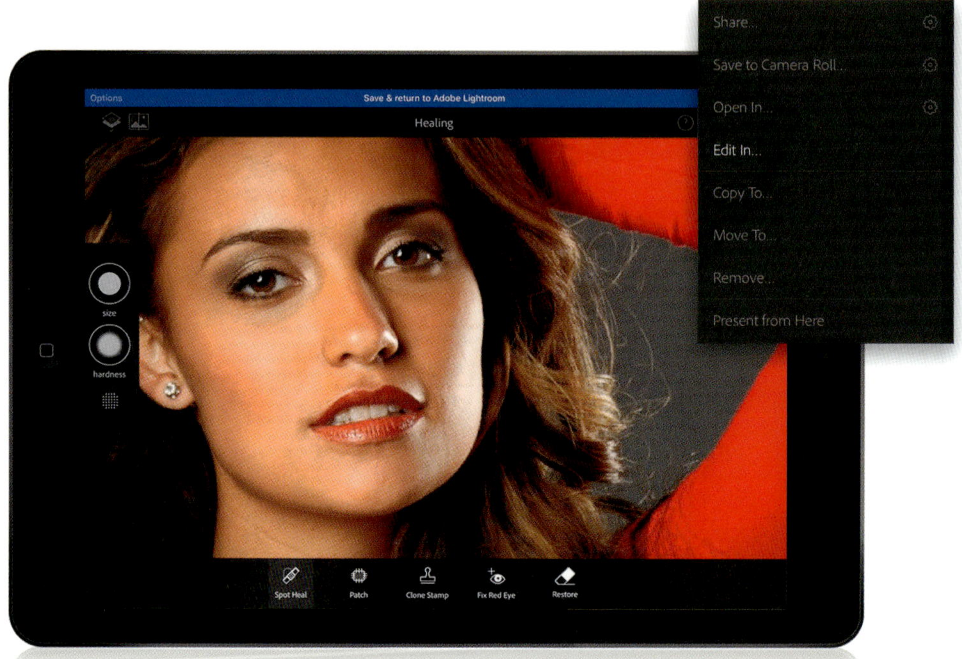

Loupe 보기 모드에서 사진을 볼 때 [Collection Option] 팝업 메뉴에서 '**Open In**'이나 '**Edit In**'을 선택하면(화면 오른쪽 상단 모서리에 있는 위로 향한 화살표 아이콘을 탭한다) 선택한 사진을 모바일 기기의 다른 앱에서 사진을 열 수 있다. 이 항목을 선택하면 외장 앱으로 보낼 사진 파일의 크기를 선택해야 한다(해상도). 'Small' 크기나 'Maximum' 크기 중에서 선택을 하는데 필자는 실험용도 외에는 항상 'Maximum'을 선택한다. 크기를 선택하면 라이트룸이 사진을 준비하고 사진을 열 앱 선택 항목이 있는 팝업 메뉴가 열린다. 예를 들어, 예제 사진과 같이 어도비사의 Photoshop Fix 앱으로 불러와(무료이며 탁월한 사진 보정용 앱이다) 먼지나 잡티를 제거하거나 Liquify 도구로 사진을 보정하면 편집한 사진은 자동으로 라이트룸 모바일에서 볼 수 있다. 물론 어떤 앱으로 건너뛸지의 여부는 모바일 기기에 설치한 앱에 달려 있다. 그러나 'Open In'이나 'Edit In'을 선택하고 'Image Size'를 선택하면 기기에 설치한 앱의 목록이 나타나므로 어떤 선택을 할 수 있는지 바로 알 수 있다.

메타데이터를 포함한 사진 공유하기

사진을 공유하거나 다른 앱에서 열기로 선택하고(그리고 그 앱이 메타데이터를 지원하다면) 메뉴 오른쪽에 있는 작은 기어 아이콘을 탭해서 사진에 메타데이터를 포함하거나 해제할 수 있다. 기어 아이콘을 탭하면 왼쪽에 사이드바가 열리고 사진의 메타데이터 공유 여부를 선택할 수 있다. 컬렉션에 있는 여러 개의 사진을 다른 앱에서 열거나 공유한다면, 사진을 선택하는 Open In/Share 화면 오른쪽 상단에 기어 아이콘이 있다(체크마크 아이콘의 왼쪽). 아이콘을 탭하고 'Share with Meradata' 항목을 선택한다.

Spark 웹페이지로 사진 공유하기

풍부한 텍스트와 함께 사진을 공유하고 싶다면 어도비사의 무료 앱인 Spark 웹페이지를 사용하면 사진과 글을 사용해서 매우 풍부하고 강렬한 스토리를 만들 수 있다(과거에는 Adobe Slate라고 불렸으며 아마 여러분도 필자가 여행 후에 그곳에 올린 스토리들을 보았을 수도 있다). Spark 웹페이지는 앱을 통해서 사진 스토리를 만드는데 약간의 모션 효과까지 추가하면 아이디어나 스토리를 시각적이고 즐거운 소통 수단이 되도록 할 수 있다. 컬렉션을 Spark 스토리로 공유하려면 컬렉션을 열고 화면 오른쪽 상단 모서리의 [Collection Options] 아이콘을 탭한 다음 '**Create in Spark Page**'를 탭한다(이 기능은 현재 아이패드에서만 사용이 가능하다). 그러면 Adobe Spark를 실행한다(앱을 다운로드하지 않았다면 다운로드하고 어도비 ID로 로그인해야 컬렉션을 동기화할 수 있다). 다음은 템플릿을 선택하고 텍스트를 추가하여 사진을 배치하면 스토리를 온라인에 공유할 수 있다(Spark의 사용법은 어도비사의 웹사이트 튜토리얼에서 배울 수 있다. Spark는 전문가들이 디자인한 레이아웃 템플릿들을 사용하므로 쉽게 스토리를 만들 수 있다).

[Camera Roll](혹은 [Gallery])에 사진 저장하기

사진을 라이트룸 모바일에서 보정했다면 고해상도 버전을 휴대전화나 태블릿의 [Camera Roll]에(안
드로이드 기기는 [Gallery]) 저장할 수 있다. 보정을 마치면 화면 오른쪽 상단 모서리에 있는 [Collection
Options] 아이콘을 탭한 다음 '**Save to Camera Roll**'을(안드로이드 기기는 '**Save to Gallery**') 탭한다.

Presentation 모드에서 사진 보기

이번 모드는 챕터 2에서 슬라이드 쇼에 대해 알아볼 때 잠시 언급했었지만, 다음의 사항을 숙지하는 것이 중요하다. 라이트룸에서 사진을 옆으로 밀어볼 수 있도록 타인에게 모바일 기기를 건네면, 사진을 상/하로 밀어서 별점이나 Pick 플래그 등급을 바꾸거나 실수로 아이콘을 탭해서 보정 타일들로 넘어가는 사고가 생길 가능성이 항상 있다. 그래서 만들어진 것이 Presentation 모드이다. Presentation 모드는 다른 모든 기능을 비활성화해서 그러한 사고를 방지한다. Presentation 모드로 전환하려면 원하는 컬렉션을 탭하고 화면 오른쪽 상단 모서리의 [Collection Options] 아이콘을 탭한 다음 팝업 메뉴에서 '**Present**'를(안드로이드 기기에서는 '**Slideshow**') 선택한다. 모바일 기기를 돌려받은 후에는 왼쪽 상단의 [×]를 탭해서 Presentation 모드를 해제한다.

애플 TV에서 사진 보기

가장 먼저 애플 TV에서 [App Store] 아이콘을 클릭한 다음 무료 라이트룸 앱을 검색해서 다운로드한다. 그러면 애플 TV 메인 메뉴에 Hulu, HBO NOW, Crunchyroll과 같은 타 앱들과 함께 목록에 나타난다. lightroom.adobe.com 계정과 연결하려면 일련의 보안 설정 과정을 거쳐야 한다(화면에 뜨는 지시에 따르면 쉽다). 연결을 마치면 동기화한 컬렉션들을 자동으로 보여준다. 혹은 화면 상단의 [All Photos]를 클릭하면 모든 사진을 볼 수 있다. 애플 TV의 리모트를 컬렉션 위로 이동해서 클릭하면 컬렉션에 포함된 모든 사진을 볼 수 있다. 사진을 클릭하면 Loupe 보기 모드로 전환한다. 사진을 줌인하려면 사진을 클릭하고, 줌아웃하려면 애플 TV 리모트의 [Menu] 버튼을 누른다([Menu] 버튼은 [Back] 버튼 기능을 하므로 컬렉션 목록으로 돌아가려면 리모트의 [Menu] 버튼을 다시 누르면 된다). 리모트로 스크롤해서 내려오면 화면 상단에 [Filmstrip]을 불러오므로 바로 원하는 컬렉션으로 건너뛸 수 있다. 또한 리모트를 사용해서 사진을 전/후로 밀어서 볼 수 있다. 컬렉션의 사진들을 슬라이드 쇼로 보려면 애플 TV 리모트의 [Play] 버튼을 누른다.

셔터스피드: 1/100초 / 조리개: f9 / ISO: 100 / 초점거리: 90mm / 모델: 아이슬린

CHAPTER 7

실시간 촬영 공유
언제 어디서든지
실시간으로 촬영 현장 공유하기

우리는 도대체 왜 전혀 모르는 사람들을 포함한 타인들에게 우리의 모든 생각, 매 끼니, 모든 경험을 소셜 미디어를 통해 공유하는 것을 중요하게 여기는가? 그 이유를 필자가 알려주겠다(아마도 필자가 아침으로 무엇을 먹는지 볼 수 있도록 불특정 다수를 자신의 일상생활 속으로 초대하는 행위에 대한 심리적 요인을 정확하게 기술하는 첫 번째 사람이 될 것이다). 현재 먹고 있는 아침식사는 트위터와 페이스북 라이브 스트리밍 그리고 페리스코프에 의해 변형되었기 때문에 더 이상 현실이 아니며, 아침을 먹는 모습을 지켜보는 전 세계의 할 일 없는 사람들은 아침에 대한 자신들의 의견을 던질 것이다. 그래서 당신은 더 이상 전체 칼로리의 60%를 설탕에서 섭취하고 한 스푼에 128g의 탄수화물이 든 켈로그사의 허니 스맥스와 같은 자신이 원하는 아침을 먹을 수 없게 된다. 그보다 더 나쁜 것은 팝 타르트도 먹고 싶다는 것이다. 그리고 자동차 배터리만한 팬케이크와 베이컨도 먹고 싶다. 당신이 먹고 싶은 아침은 바로 그런 음식들이다. 하지만 소셜 미디어에 아침을 공유하기 때문에 먹을 수 없다. 그 대신 오트밀 과 그릭 요거트를 먹게 된다. 그리고 이 페이지에 더 이상 글을 쓸 공간이 남지 않기 전에, 사람들이 자신들의 하루 종일 모든 경험을 소셜 미디어에 공유하는 이유는 바로....

테더링 촬영하기

필자는 스튜디오 촬영을 할 때(가능하다면 로케이션 촬영을 하는 경우에도) 랩톱의 라이트룸과 연결해서 카메라에서 촬영한 사진을 바로 라이트룸으로 보내는 테더링 촬영을 한다. 예제 사진은 필자가 스튜디오에서 테더링 촬영을 하는 모습이다. 사진을 촬영하면 랩톱의 라이트룸으로 바로 들어간다.

테더링 촬영 설정하기

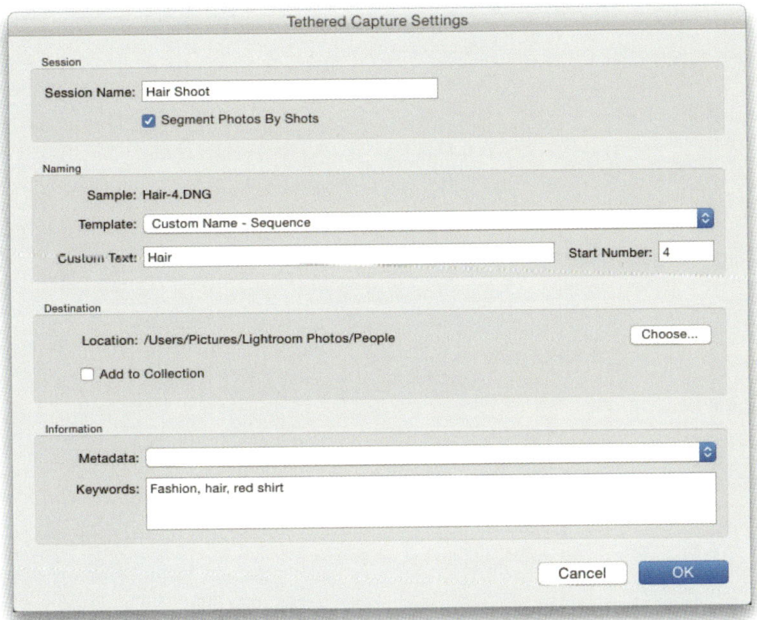

가장 먼저 데스크톱 라이트룸의 [File] 메뉴에서 [Tethered Capture]를 선택한 다음 'Start Tethered Capture'를 선택하면 예제 사진과 같은 대화창을 불러온다. 대화창의 입력 항목들은 라이트룸의 [Import] 창과 유사하다. [Session Name] 입력칸에 촬영 제목을 입력하고 사진에 직접 설정한 이름을 적용할지 선택한다. 또한 사진을 저장할 드라이브를 선택하고 메타데이터나 키워드 추가 여부를 선택한다.

새 컬렉션 만들기

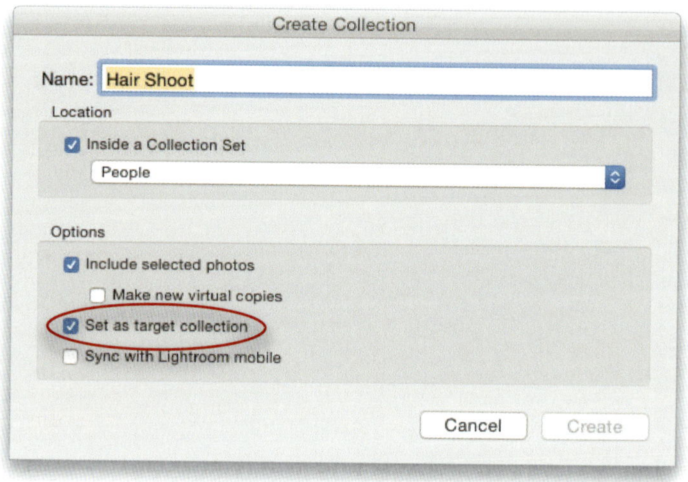

라이트룸을 연결해서 테더링 촬영을 할 때 앞 페이지에서 만든 폴더로 불러오지만 모바일 기기의 경우 컬렉션만 동기화한다. 물론 폴더 전체를 [Collections] 패널로 드래그해서 동기화할 수 있지만 그러면 모델이 눈을 감은 사진, 조명이 발광하지 않은 사진, 구도가 맞지 않은 사진 등 필자가 촬영한 모든 사진을 의뢰인이 보게 된다. 필자는 삭제할 사진들을 제외한 탁월한 사진만 의뢰인이 보기를 원한다. 그러므로 필자는 다음과 같이 새 컬렉션을 만든다. 가장 먼저 컴퓨터의 라이트룸에서 [Collections] 패널 헤더 오른쪽에 있는 [+] 버튼을 클릭하고 팝업 메뉴에서 **Create Collection**'을 선택해서 새 컬렉션을 만든다. [Create Collection] 대화창에서 컬렉션 이름을 입력하고(여기서는 "Hair Shoot"을 입력했다) 'Set as Target Collection'을 체크해서 활성화한다(이 방법을 사용하려면 필요한 기능이다).

새 컬렉션 동기화하기

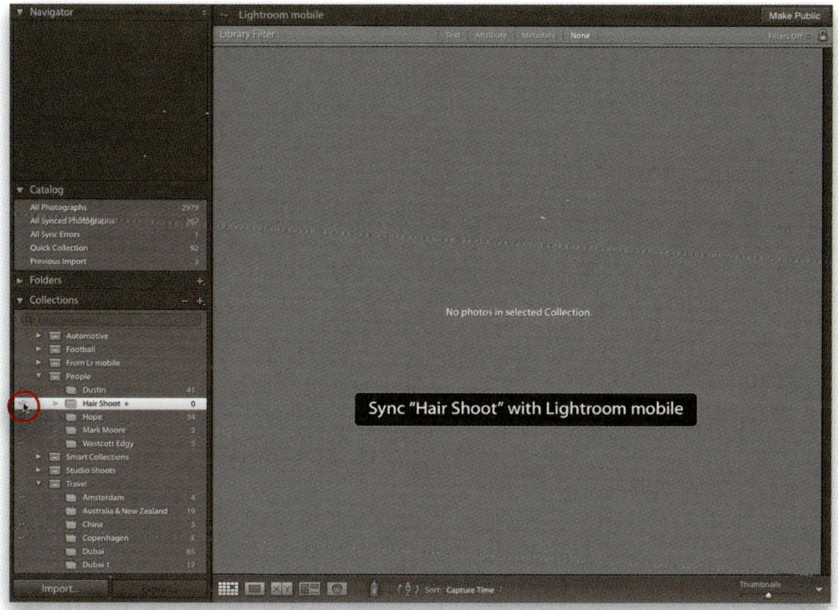

새로 만든 컬렉션 왼쪽의 작은 회색 'Sync' 체크박스를 클릭해서 컬렉션 동기화 기능을 활성화한다. 그러면 예제 사진과 같이 1~2초 동안 해당 컬렉션을 모바일 기기의 라이트룸과 동기화한다는 알림 메시지가 화면에 나타난다(또한 앞 페이지의 [Create Collection] 대화창에서 'Sync with Lightroom mobile' 체크박스를 클릭해서 활성화해도 된다). 모든 설정을 마치면 필자는 아이패드의 라이트룸을 시작하고 [Hair Shoot] 컬렉션을 연 다음 세트 뒤쪽에 있는 의뢰인이나 아트 디렉터에게(혹은 친구, 어시스턴트, 손님 등) 건네준다(대부분의 사진가들은 촬영할 때 누군가 어깨 너머로 보고 있는 것을 싫어하므로 이 방법은 매우 유용하다).

타깃 컬렉션으로 사진 보내기

예제 사진은 촬영한 테더링 사진이 랩톱의 라이트룸으로 들어온 모습이다. 네 번째 사진을 머리카락이 모델의 얼굴을 가리고 있기 때문에 의뢰인에게 보여주고 싶지 않다. 다섯 번째 사진 역시 포즈를 취하는 중간에 찍힌 사진이다. 이러한 사진들은 제외하고 다른 사진을 선택한 후 키보드의 B를 누르면 그 사진을 아이패드로 보내 몇 초 후에 의뢰인이 보게 된다. 그 비결은 B를 누르면 자동으로 [Hair Shoot] 컬렉션으로 선택한 사진을 보내기 때문이다(앞에서 새 컬렉션을 만들 때 타깃 컬렉션으로 설정한 것이 기억나는가? 컬렉션을 타깃 컬렉션으로 만들면 사진을 선택한 후 B를 누르면 사진을 그 컬렉션으로 보낸다). 그리고 그 컬렉션은 필자의 아이패드의 라이트룸과 동기화되기 때문에 의뢰인은 필자가 B를 눌러 보낸 사진만 본다. 멋지지 않은가?

의뢰인이 보는 타깃 컬렉션의 모습

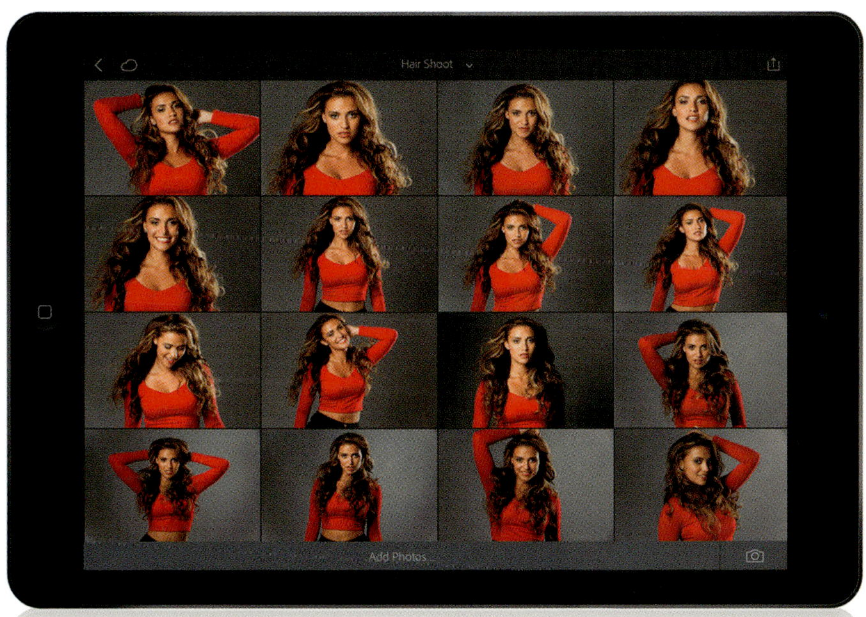

예제 사진은 아이패드에서 의뢰인이 보는 컬렉션의 모습이다. 수백 장의 사진들이 컬렉션으로 쏟아
져 들어오지 않고 의뢰인에게 보여주고 싶은 사진들만 필자가 선택해서 ⓑ를 눌러 보낸 사진들만 보
인다.

의뢰인이 직접 플래그나 별 등급 설정하기

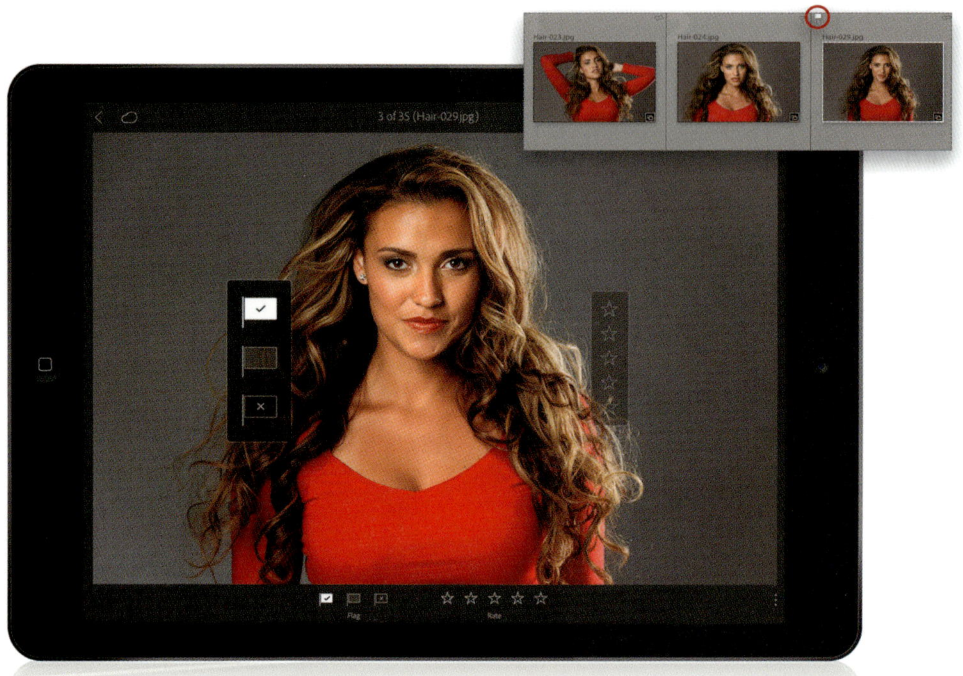

필자는 의뢰인에게 아이패드를 건넬 때 밀어 올려서 사진에 Pick 등급을 설정하고, 밀어 내려서 설정을 취소하는 방법을 알려준다. 또한 화면 하단의 Pick 플래그를 탭해서 설정하는 방법도 알려준다(아이패드를 건넬 때 미리 [Action] 선택 항목 왼쪽에 있는 세 개의 점을 탭하고 오른쪽으로 드래그하면 보정 타일들 대신 [Flag]와 [Rate] 선택 항목이 나타난다). 또는 [Star] 아이콘을 한 번씩 탭할 때마다 별점을 하나씩 추가할 수 있다고 알려준다(필자는 특히 마음에 드는 사진에 1개의 별점을 설정하고 나머지는 Pick 등급을 설정해 달라고 부탁한다). 아이패드의 라이트룸과 동기화되기 때문에 의뢰인이 설정한 등급은 랩톱의 컬렉션에 바로 반영되므로 그것을 보고 어떤 사진을 더 촬영해야 할 지 결정할 수 있다. 스튜디오에 있는 의뢰인은 아이패드를 보고 피드백을 줄 수 있지만 현장에 없는 사람과는 어떻게 소통해야 할까? 그들은 사무실에 있거나 다른 지방 혹은 외국에 있을 수도 있다. 다음 페이지에서 촬영한 사진들을 원거리에서 실시간으로 볼 수 있을 뿐 아니라 의견을 교환할 수 있는 방법에 대해 알아볼 것이다.

컬렉션 공개로 전환하기

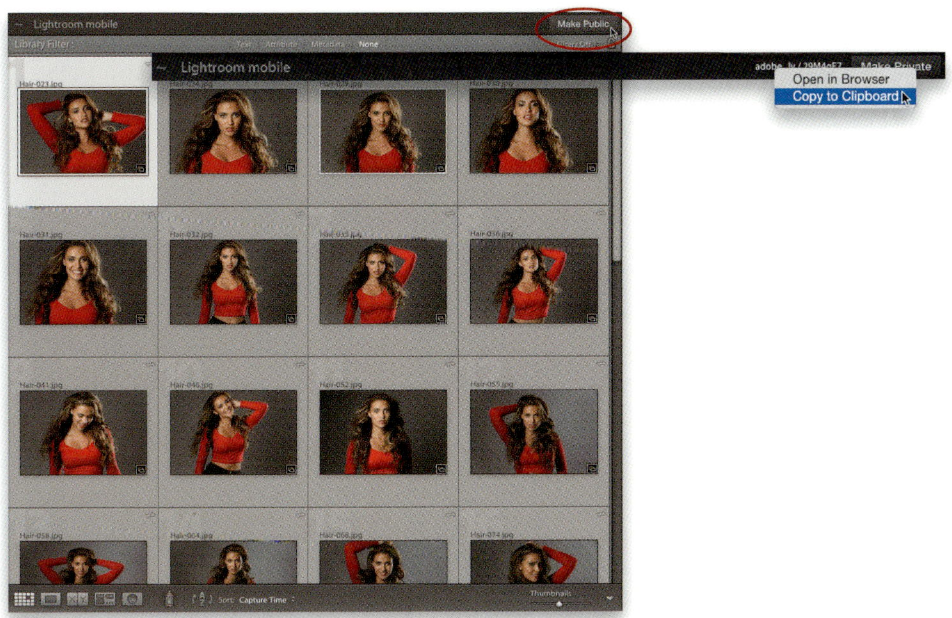

컴퓨터의 라이트룸에서 Grid 보기 모드의 Preview 영역 상단 오른쪽을 보면 [Make Public] 버튼이 있다. 버튼을 클릭하면 URL(웹 주소)을 생성하는데, 이 시점에서는 사용자만 컬렉션을 볼 수 있다. 이 URL을 이메일이나 문자 메시지로 전 세계 어느 곳이든 원하는 타인에게 보내면 아이패드에서 의뢰인이 보는 것과 동일한 컬렉션을 웹 브라우저를 통해 볼 수 있다. 어도비 ID나 특별한 소프트웨어도 필요하지 않으며 단순히 인터넷과 웹 브라우저만 있으면 된다. [Make Public] 버튼 옆에 생성한 URL을 표시하며, URL을 클릭한 다음에는 다시 비공개로 전환할 수 있는 [Make Private] 버튼으로 바뀐다. URL을 마우스 오른쪽 버튼으로 클릭해서 주소를 복사한 다음 의뢰인에게 보낸다. URL은 다수의 타인에게 보낼 수 있으므로 여러 곳에 있는 사람들이 볼 수 있다. 컬렉션을 공개로 전환해도 아무나 볼 수 있는 것이 아니라 웹 링크를 받은 사람만 웹 브라우저에서 촬영한 사진들을 볼 수 있다.

공개로 전환한 컬렉션의 모습

촬영 현장에 없는 사람이 URL에 접속하면 예제 사진과 같이 스튜디오에서 의뢰인이 보는 것과 동일한 사진을 보게 된다. 오른쪽 상단 [Slideshow] 왼쪽에 있는 [Play] 버튼을 누르면 [Hair Shooting] 컬렉션에 있는 사진들을 슬라이드 쇼로 볼 수 있다. 사진들의 순서를 바꾸고 싶다면 [Slideshow] 오른쪽의 [Sort Order] 아이콘을 누른다(마우스를 아이콘 위로 가져가면 해당 아이콘의 기능을 알려주는 팝업이 나타나므로 기능을 알기 위해 실행해볼 필요가 없다). 이 시점에서는 촬영한 사진은 볼 수 있지만 아직 촬영에 적극적으로 참여할 수 없다. 다음 페이지에서 그 방법을 알아보자(다음에 알아볼 기능들을 사용하려면 어도비 ID로 로그인해야 한다).

웹 브라우저에서 등급 설정하기

원거리에서 웹 브라우저를 통해 사진을 보는 사람이 섬네일을 클릭하면 예제 사진과 같이 사진을 확대해서 볼 수 있다. 여기서는 어도비 ID로 로그인한 후에 창 왼쪽 하단 모서리에 있는 작은 하트 형태의 아이콘을 클릭해서 마음에 드는 사진에 '좋아요'를 태그할 수 있다(예제 사진에 원으로 표시한 곳. 아이패드를 사용하는 의뢰인이 Pick 플래그 등급 기능을 사용하기 때문에 다른 방법으로 사진의 등급을 설정해야 한다). 웹 브라우저에서 '좋아요'를 태그한 사진 역시 랩톱의 라이트룸과 바로 동기화된다. 그러나 웹 브라우저에는 의뢰인이 사용하는 아이패드에는 없는 기능이 있다. 자신의 코멘트를 직접 보낼 수 있는 기능이다.

웹 브라우저에서 코멘트 보내기

사진에 대한 코멘트를 보내려면 창 왼쪽 하단 모퉁이에 있는 [Comment] 아이콘을 클릭하거나 오른쪽 하단의 [Show Activity & Info] 아이콘을 클릭한다. 오른쪽에 [Activity] 사이드바가 열리면 예제 사진과 같이 코멘트를 입력한다. 여기서는 "사진이 매우 마음에 들지만 모델의 팔을 조금 내린 사진을 보여주시겠습니까?"라고 썼다. 그리고 [Post Comment] 버튼을 클릭하면 컴퓨터의 라이트룸으로 전송되며, 코멘트를 읽을 수 있을 뿐 아니라 답변을 보낼 수도 있다.

URL 접속 상태일 때 라이트룸의 모습

컴퓨터의 라이트룸을 보면 [Collections] 패널에서 동기화한 컬렉션의 작은 노란색 코멘트 아이콘으로 URL 접속자가 사진에 '좋아요' 태그를 설정하거나 코멘트를 보냈는지 알 수 있다. 또한 '좋아요' 태그나 코멘트를 추가한 사진은 섬네일 오른쪽 하단 모퉁이에 [코멘트/좋아요] 배지로 표시한다. 아이패드를 가지고 있는 의뢰인 역시 컬렉션 화면 오른쪽 상단에 작은 코멘트 아이콘을 볼 수 있다. 아이패드에서는 아이콘을 탭하면 '좋아요' 태그 설정과 코멘트를 추가한 사진들을 모두 나열한 팝업 메뉴를 불러온다. 컴퓨터에서는 컬렉션에 있는 아이콘을 클릭하면 'Review Comment'를 선택해서 코멘트를 읽거나 'Mark All Comments as Read'를 선택해서 읽음 표시로 전환한다. 코멘트는 [Library] 모듈에서 오른쪽 패널 영역 하단의 [Comment] 패널에서 읽는다. 코멘트와 '좋아요' 배지를 가진 사진들을 모두 살펴본 다음에는 작은 노란색 아이콘이 사라지고 섬네일의 배지는 회색으로 바뀐다. 필자는 배지를 가진 사진들을 모아 새로운 컬렉션을 만들어 현재 촬영하고 있는 사진들의 컬렉션에 추가하거나 분리된 컬렉션으로 만들되, 컬렉션 패널에 알파벳순으로 나란히 나타나도록 유사한 제목으로 설정한다(예를 들어, [Hair Shoot Comments]).

셔터스피드: 1/320초 / 조리개: f8 / ISO: 200 / 초점거리: 28mm / 장소: 로스 성, 카운티 케리, 아일랜드

내장 카메라 사용하기
탁월한 내장 카메라 기능 활용하기

지금 제목을 보고 분명히 이런 생각을 할 것이다. "이봐, 난 데스크톱의 라이트룸 기능을 가진 라이트룸 모바일로 내 DSLR이나 미러리스 카메라로 찍은 사진들에 사용하고 싶다고" 하지만, 스마트폰에 내장된 후진 카메라로도 사진을 찍을 수 있을 뿐 아니라 라이트룸 모바일에는 모바일 기기의 내장 카메라로 찍은 사진을 살짝 개선시킬 수 있는 내장 카메라 기능이 있다는 사실은 몰랐을 것이다. 물론 모든 스마트폰의 내장 카메라가 후진 것은 아니다. 밝은 낮에 찍는다면(하루의 반은 낮이므로 그다지 어려운 조건은 아니다) 꽤 괜찮은 사진을 얻을 수 있다. 그러나 광원이 어두운 환경에서 찍는 순간 사진의 질은 현저히 떨어진다. 노이즈 때문에 마치 눈이 내리는 곳에서 찍은 사진처럼 보일 것이다. "후지다"는 말을 자주 사용할 의도는 없었다. 단지 자연스럽게 나왔을 뿐이다. 그래서 편집자에게(킴이라고 부르자. 그것이 그녀의 이름이니까) "후지다"라는 단어를 모두 "무지개"나 "강아지" 혹은 "유니콘"으로 바꿔달라고 했더니 정말 그렇게 했다. 필자가 마지막으로 그녀를 보았을 때 정말 지쳐보였다.

내장 카메라 기능 열기

뜻밖에도 라이트룸 모바일의 내장 카메라는 탁월한 기능을 가지고 있다. 다양한 조절 기능을 제공할 뿐 아니라 필터 기능도 있고 촬영한 사진은 바로 모바일 기기의 라이트룸으로 보내지며 데스크톱의 라이트룸과도 자동으로 동기화된다. 라이트룸 모바일의 카메라 기능을 열려면 Collection 보기 모드나 컬렉션 안에서 화면 오른쪽 하단에 있는 카메라 아이콘을 탭하면 사진 촬영 준비가 끝난다. 수동으로 초점을 맞추려면 화면의 아무 곳이나 탭하면 예제 사진과 같이 흰색 사각형 테두리가 나타난다. 그 지점이 초점을 맞추는 영역이다. 현재 라이트룸 내장 카메라 기능은 안드로이드 운영체제 태블릿에서는 사용할 수 없지만, 안드로이드 휴대 전화기에서는 사용 가능하다.

내장 카메라 기능 사용하기

미리보기 이미지 영역 하단에 다양한 기능 아이콘들이 있으며, 아이패드나 전화기를 가로로 들면 예제 사진과 같이 측면에 아이콘들이 있다. 왼쪽/상단의 첫 번째 아이콘은 플래시 기능이며 'Auto', 'On', 'Off' 중에서 선택한다. 두 번째는 화이트 밸런스 기능 아이콘이며 실시간으로 화이트 밸런스를 선택해서 사진을 찍기 전에 확인하고 처음부터 바른 색상을 맞출 수 있기 때문에 매우 유용하다. 또한 화이트 밸런스의 수동 설정도 가능하다(120페이지 참고). 셔터 버튼 바로 상단/측면에 있는 아이콘을 탭하면 슬라이더를 드래그해서 노출 보정을 설정하면 사진을 더 어둡거나 밝게 촬영할 수 있다. 네 번째 아이콘은 미리보기 영역에 삼등분할 그리드나 정방형 미리보기 선 혹은 수평 맞추기 기능을 추가한다(이 기능을 선택하면 화면 중앙에 수평선이 나타나며 수평을 완벽하게 맞추면 선명한 직선이 된다). 마지막 아이콘은 셀프타이머 기능이다. 아이콘을 탭하고 타이머를 2초, 5초 혹은 10초로 설정할 수 있다. 셔터 버튼 오른쪽이나 하단에는 [Presets] 아이콘이 있다. 이 실시간 필터 기능에 대해서는 122페이지에서 자세히 알아볼 것이다.

안드로이드 카메라 폰으로 RAW 사진 촬영하기

모든 안드로이드 폰은 아니지만 일부 기종들은 RAW와 DNG 형식 사진 촬영이 가능하다(삼성 갤럭시 s7이나 LG G4와 같이 Camera2 API를 지원하는 안드로이드 5.0 롤리팝 운영체제를 사용하는 기종들). 해당 기종을 사용한다면 촬영한 RAW 형식 사진을 안드로이드용 라이트룸 모바일에서 편집할 수 있다. [Gallery]에서 라이트룸으로 사진을 불러오면 된다. 또한 RAW 형식 촬영이 가능한 안드로이드 스마트폰을 가지고 있다면 라이트룸의 내장 카메라로 RAW 형식 사진 촬영도 가능하다. Pro 모드로 촬영하면 셔터스피드, ISO, 화이트 밸런스 그리고 초점까지 수동 설정이 가능하다. 화면에서 [RAW] 파일 형식 배지를 탭하면 RAW 사진을 촬영할 수 있다.

마지막 사진 미리보기

라이트룸 모바일의 내장 카메라로 사진을 촬영한 후 사진을 보고 싶다면 아이폰을 사용하는 경우에
는 셔터 버튼 왼쪽의 작은 사각형 섬네일을 탭하고 누르고 있으면 사진의 미리보기를 확대해서 오른
쪽 예제 사진과 같이 화면에 나타난다. 손가락을 떼면 작은 섬네일 크기로 돌아간다. 안드로이드 기
기의 경우, 섬네일을 탭해서 사진을 확대해서 보고 다시 탭하면 작은 섬네일로 돌아간다.

화이트 밸런스 수동 설정하기

내장 카메라의 화이트 밸런스를 수동으로 설정하려면 [AWB](Auto White Balance, 자동 화이트 밸런스) 아이콘을 탭하고(일부 안드로이드 기종에서는 Pro 모드에서 [WB] 아이콘을 탭한다) 오른쪽 끝의 렌치처럼 생긴 아이콘을 탭한다. 그러면 예제 사진과 같은 사각형 테두리가 나타나는데 카메라를 회색이 있는 영역을 향해 맞춘다(밝은 회색이 이상적이지만 항상 주변에서 밝은 회색을 찾을 수는 없으므로 그러한 경우에는 황갈색과 같은 무난한 색상을 찾아보자). 그리고 셔터 버튼을 누르면(이때 셔터 버튼에는 체크마크 아이콘이 있다) 선택 영역을 기반으로 화이트 밸런스를 설정한다.

아이폰에서 라이트룸 카메라 더 빨리 실행하기

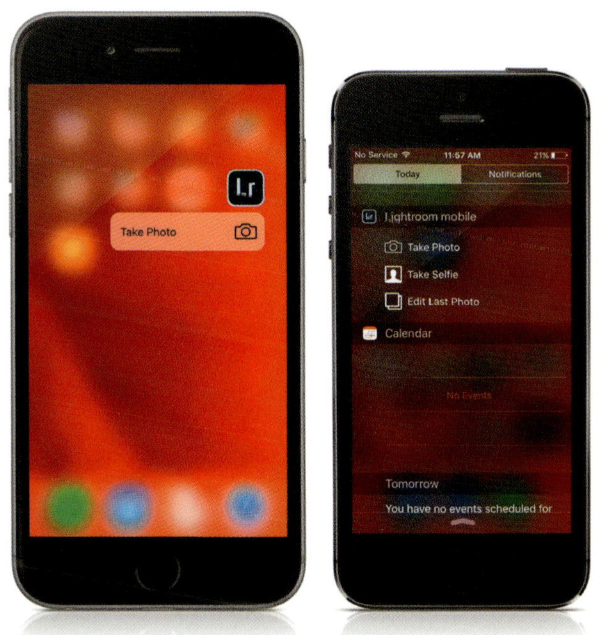

3D Touch 기능을 사용하는 아이폰 6s나 더 최신 기종을 가지고 있다면 라이트룸 앱 아이콘을 탭하고 누르고 있으면 [Take Photo] 버튼이 나타난다(왼쪽 예제 사진). 아이콘을 탭하면 바로 라이트룸 모바일 카메라를 사용할 수 있다. 그 이전 기종을 사용하는 경우에는 매번 라이트룸을 시작할 필요 없이 Notification 화면에서 바로 라이트룸 내장 카메라를 실행하도록 설정할 수 있다. 설정 방법은 다음과 같다. 화면을 상단에서 하단으로 밀어 내려 Notification 화면을 연 다음 [Today] 탭을 탭한다. 하단 끝까지 스크롤 한 다음 [Edit] 버튼을 탭한다. 그리고 라이트룸이 보일 때까지 하단 끝까지 스크롤한 다음 왼쪽의 녹색 [+]을 탭해서 상단 가까이 있는 "include" 목록에 추가한다. 이제 상단에서 오른쪽 끝에 있는 [Lightroom]을 탭하고 드래그해서 목록의 상단으로 이동한 다음 [Done] 버튼을 탭한다. 그것으로 설정이 완료된다. 이제 라이트룸을 실행하지 않고 언제든지 더 신속하게 라이트룸 카메라를 실행할 수 있다. 홈 화면을 밀어 내려 Notification 화면을 열면 상단에 [Lightroom Mobile]이 보이고 바로 하단에 카메라 아이콘과 함께 [Take Photo]가 있다(오른쪽 예제 사진). 그것을 탭하면 라이트룸의 카메라를 실행한다.

실시간 촬영 프리셋 사용하기

라이트룸 모바일의 카메라를 사용할 때, 촬영하는 동안 실시간 필터를 적용할 수 있다(그러면 촬영하면서 바로 필터 효과를 확인할 수 있다). 실시간 필터를 실행하려면 [Presets] 아이콘을 탭한다(셔터 버튼 오른쪽에 있는 세 개의 원이 겹쳐 있는 형태의 아이콘). 그러면 강한 대비 효과, 따뜻한 색감의 섀도우 영역 효과, 강한 대비의 흑백사진 효과, 낮은 대비의 흑백사진 효과 등 각 필터를 적용한 결과를 보여주는 6개의 작은 미리보기 이미지들을 불러온다. 원하는 미리보기를 탭하면 그 시점부터 해당 필터를 실시간으로 적용해서 사진을 촬영한다. 필터 기능을 해제하려면 가장 왼쪽 혹은 하단에 있는 미리보기를 탭한다. 또한 필터 프리셋을 적용하면 기본적으로 라이트룸 프리셋을 적용한 것과 동일하므로 언제든지 해제가 가능하다(프리셋 기능에 대해서는 72페이지 참고). 안드로이드 기기의 경우, 실시간 촬영 프리셋은 현재 Open GL ES 3.0이나 그 이후의 버전을 지원하는 기종에서만 사용이 가능하다. 라이트룸 모바일의 사이드바에서 자신이 사용하는 안드로이드 기기가 지원하는 버전 정보를 찾을 수 있다.

방금 촬영한 사진 찾기

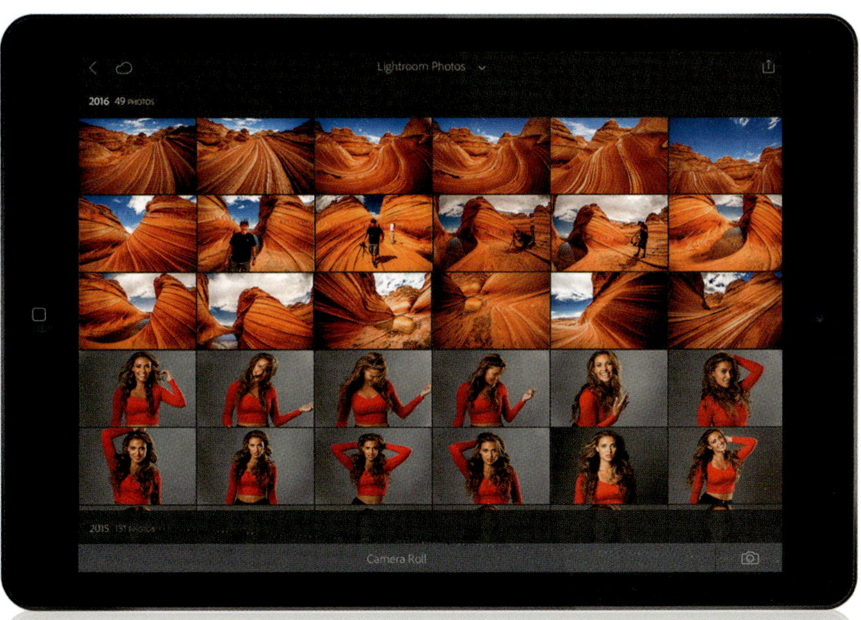

라이트룸 모바일의 내장 카메라로 촬영한 사진들은 [Lightroom Photos] 컬렉션에 자동 저장되며, 왼쪽 상단(혹은 왼쪽 하단)에 있는 왼쪽을 향한 화살표를 탭하면 바로 컬렉션을 열 수 있다. 또한 촬영한 사진들은 컬렉션에 추가한 후에 데스크톱의 라이트룸에도 자동으로 동기화된다. 데스크톱에서는 컬렉션 안에 있는 [From LR Mobile] 폴더에서 사진들을 볼 수 있다.

셔터스피드: 1.3초 / 조리개: f11 / ISO: 200 / 초점거리: 11mm / 장소: 캐논 해변, 오레곤주

CHAPTER 9

그 외의 기능들
이 기능들도 있을 곳이 필요하다

라이트룸 모바일과 같이 새로 부상하는 테크놀로지에 대한 책에서 "그 외"라는 문구의 사용은 걸맞지 않다는 생각이 들 것이다. 그렇기는 하다. 하지만 책에 포함해야 하지만 라이트룸 모바일의 주요 카테고리나 기능들에 대한 다른 챕터에는 속하지 않는 기능들에 대한 챕터를 무엇이라고 불러야 할까? 그러므로 그냥 "그 외의 기능들"이라고 제목을 붙이고 일상으로 돌아가면 된다. 이 세상에는 책의 마지막 챕터 제목에 대한 고민보다 훨씬 중요한 할 일들이 많기 때문이다. 그런데 이 책은 필자의 저서들 중 단 9개의 챕터만 넣은 유일한 책이다. 하지만 그것은 모두 필자의 의도이며, 태평양 연합 자유무역 협정 때문이다. 필자가 책에 9개 이하의 챕터만 넣으면 인쇄된 책으로 아시아로 가는 기선을 탈 수 있다. 그리고 그곳에 도착한 후에는 지역 목축업자들에게서 양떼와 교환한다. 물론 양떼는 양털을 깎아 울코트를 만들어 입고 "어이! 이 양모코트 좀 봐. 부럽지?"라고 외치며 마을을 돌아다닐 것이다. 하지만 물론 마을주민들은 유효기간이 지난 부드러운 치즈를 던지고, 그것에 걸려 넘어져 허리가 골절되고, 카망베르 더미 위에 누워 마을주민의 야유를 듣고 있는데 비까지 내리기 시작한다. 바로 이래서 우리에게 좋은 일이 생기지 않는다.

저작권 정보 자동 적용하기

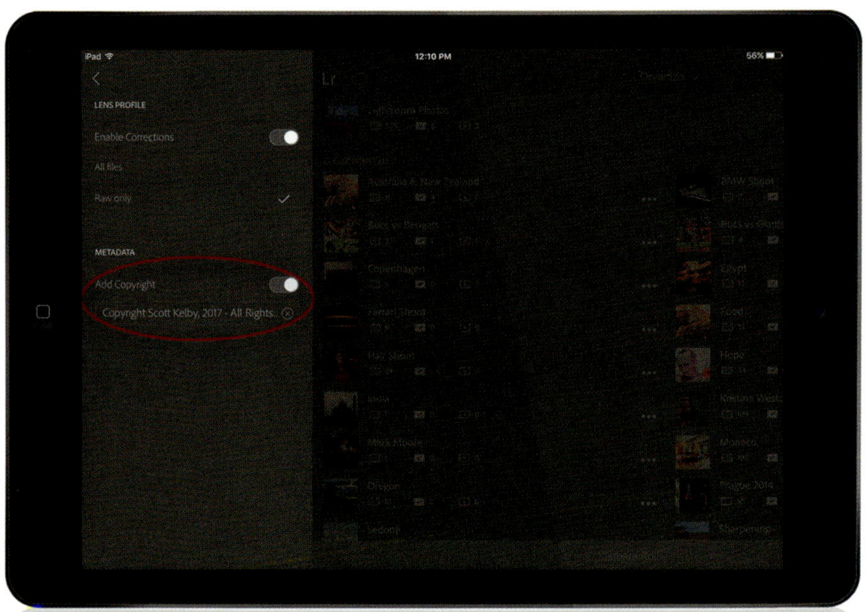

사진을 라이트룸 모바일로 불러올 때 저작권 정보가 자동으로 내장되도록 설정하려면 가장 먼저 Collection 보기 모드에서(모든 컬렉션이 있는 홈화면의 역할) 화면 왼쪽 상단의 [LR] 아이콘을 탭해서 사이드바를 연다. 하단을 향해 스크롤한 후 [Import]를 탭해서 불러오기 선택 항목들을 불러온 다음 [Metadata] 하단의 'Add Copyright' 기능을 체크해서 활성화한다. 그러면 하단의 입력란이 활성화 되며 그곳에 저작권 정보를 입력한다. 여기서는 "Copyright Scott Kelby, 2017-All rights reserved"를 입력했다. 그것으로 설정은 끝이다. 이제 라이트룸 모바일로 사진을 불러올 때 사진의 메타데이터에 저작권 정보를 자동 입력할 것이다.

키보드 단축키 사용하기

태블릿에 키보드를 연결해서 사용하거나 내장되어 있다면 데스크톱의 라이트룸에서 사용하는 것과
동일한 단축키 몇 가지를 라이트룸 모바일에서도 사용할 수 있다(이 기능은 현재 아이패드에서만 사용이
가능하다). 키보드의 [Command]키를 누르고 있으면 사용이 가능한 단축키 목록이 있는 팝업 메뉴가
열린다. 단 이 기능은 실제의 키보드에서만 사용이 가능하며, 팝업 소프트웨어 키보드에서는 사용할
수 없다.

컴퓨터용 라이트룸 없이 라이트룸 모바일만 사용하기

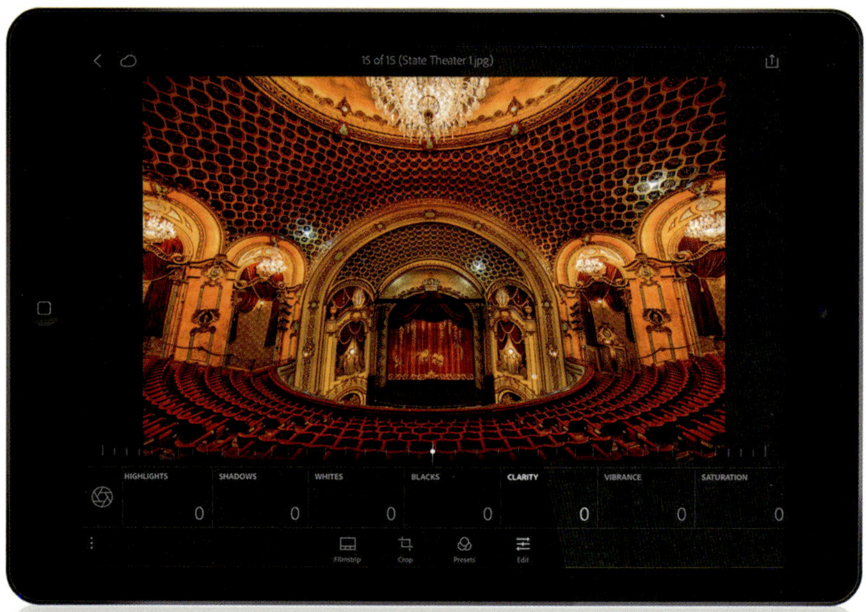

사진을 반드시 컴퓨터의 라이트룸과 동기화할 필요는 없다. 모바일 기기의 라이트룸만 사용해서 휴대전화나 태블릿으로 촬영한 사진들을 불러와 보정해도 된다. 물론 커다란 태블릿을 들고 사진을 찍는 모습이 우습게 보이기는 할 것이다. 어쨌든 모바일 기기에 이미 있는 사진들에 탁월한 라이트룸 보정 능력을 적용해도 괜찮다는 의미이다.

동기화되지 않은 사진 찾기

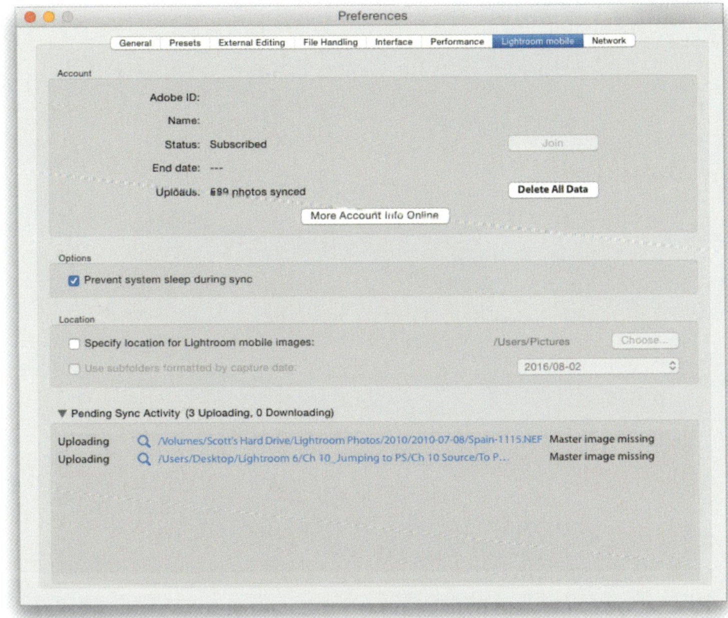

데스크톱 라이트룸과 라이트룸 모바일 사이의 사진 동기화에 문제가 생긴다면 다음과 같은 방법으로 문제점을 해결할 수 있다. 컴퓨터 라이트룸의 [Preferences] 메뉴에서(PC는 [Edit] 메뉴) [Lightroom mobile] 탭을 클릭한다. 대화창 하단에 [Pending Sync Activity] 영역이 있는데 오른쪽을 향한 작은 화살표를 클릭하면 현재의 동기화 상태를 알려준다. 이곳에서 사진이 라이트룸 모바일로 동기화 되지 않은 이유를 찾을 수 있다. 예를 들어, 예제와 같이 "Master image missing"이란 메시지는 라이트룸의 섬네일과 원본을 재연결하면 동기화할 수 있다는 의미이다(섬네일 오른쪽 상단에 있는 느낌표를 클릭하면 찾을 수 있다).

작업의 편리를 위해 팝업 메뉴 이동하기

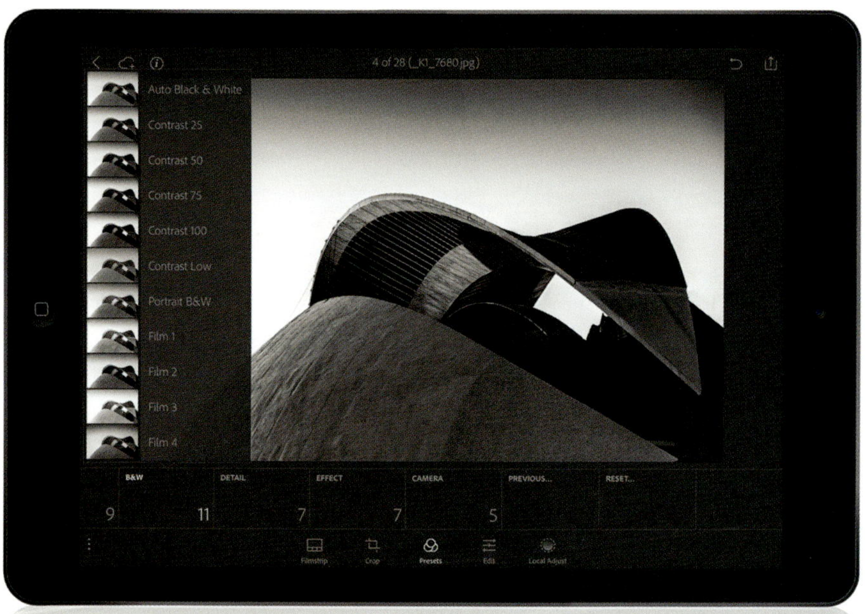

라이트룸 모바일에서 팝업 메뉴가 있는 편집 기능을 사용할 때(예를 들어, 프리셋을 사용하는데 [B&W] 프리셋 타일을 탭했다고 가정하자) 메뉴가 사진의 일부를 가리게 된다. 다행히 메뉴를 작업에 방해가 되지 않도록 다른 위치로 이동할 수 있다. 메뉴를 탭하고 누른 채 오른쪽이나 왼쪽의 다른 위치로 드래그해서 이동하면 된다. 메뉴 사용이 끝나면 닫고, 다시 메뉴를 불러오면 원래의 기본 위치로 되돌아가 있다.

오프라인 작업의 장점

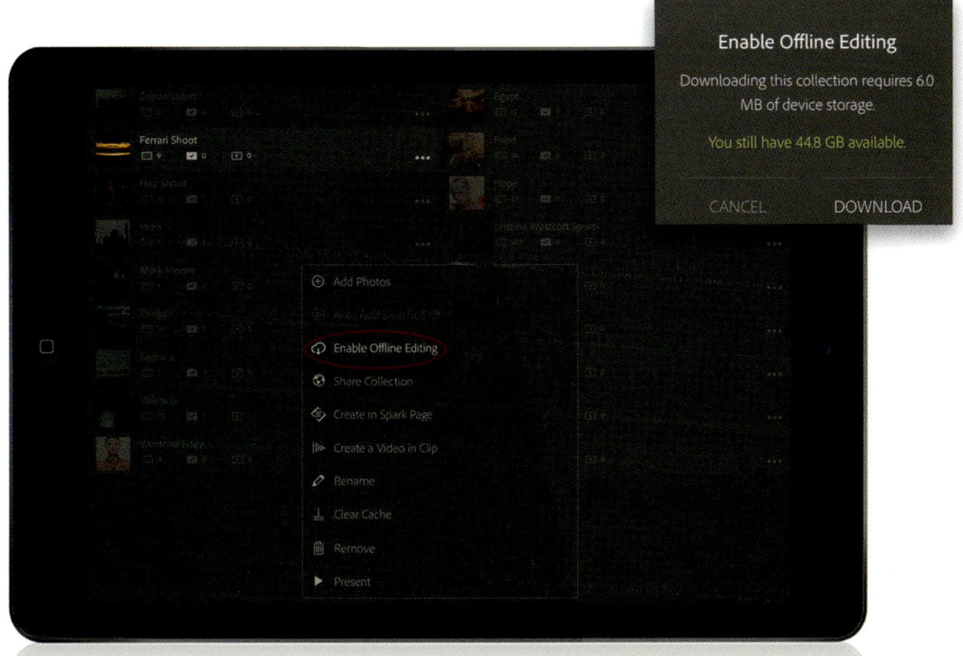

예를 들어, 다수의 컬렉션을 라이트룸 모바일로 동기화했는데 인터넷이 없는 곳으로 간다고 가정하자. 누군가에게 포트폴리오 사진이나 작업하던 사진을 보여주고 싶다면 라이트룸 모바일이 클라우드 서버에서 사진을 불러오는 방식 대신 큰 크기의 미리보기 사진들을 모바일 기기로 다운로드하는 오프라인 기능을 사용해보자. 라이트룸 모바일에는 기본적으로 저화질의 섬네일만 저장되어 있고, 사진 편집을 시작하면 인터넷을 통해 고화질의 스마트 프리뷰를 클라우드에서 불러온다. 오프라인 기능은 편집을 하거나 고화질 사진을 보여줄 때 인터넷이 필요 없다. 가장 먼저 Collection 모드에서 컬렉션 이름 오른쪽의 세 개의 점을 탭한 다음 팝업 메뉴에서 '**Enable Offline Editing**'을 선택해서 오프라인 기능을 활성화하면 고화질의 미리보기 사진들을 다운로드한다(인터넷이 연결되어 있어야 한다). 이때 충분한 저장 공간이 있는지 확인할 수 있도록 모바일 기기에 남은 공간도 알려주지만 다행히 스마트 프리뷰는 비교적 크기가 작은 파일이다. 이제 깊은 숲속에서도 포트폴리오를 보여주거나 사진을 편집할 수 있다. 이 기능은 데스크톱의 라이트룸으로부터 동기화한 사진에만 작용한다. 모바일 기기로 촬영해서 라이트룸 모바일로 불러온 사진이나 카메라에서 바로 불러온 사진처럼 모바일 기기에 바로 저장한 사진들은 인터넷 연결 상태의 영향을 받지 않는다.

영상 기능

영상 역시 사진과 동일한 방법으로 라이트룸 모바일에 업로드한다. 컴퓨터의 라이트룸에서 영상을 컬렉션에 추가하고 그 컬렉션을 동기화한다. 또한 카메라나 태블릿의 내장 카메라로 찍은 영상은 화면 하단의 [Camera Roll]([Add Photos]) 탭해서 불러온다([Camera Roll]이나 [Gallery]에서 영상이 보이지 않는다면 화면 오른쪽 상단 모퉁이에 있는 세 개의 점을 탭하고 'Videos'를 탭해서 영상을 [Camera Roll]로 불러와 라이트룸 모바일에서 볼 수 있는 기능을 활성화한다). 불러오려는 영상을 밀어서 선택한 후 하단의 'Add 1 Photos'를 탭한다. 영상 파일은 일반적으로 사진보다 용량이 크므로 컴퓨터의 라이트룸으로부터 동기화하는 경우 시간이 약간 더 걸린다(동기화에 문제가 있다면 동기화하는 동안 라이트룸 모바일 앱을 실행한 상태로 유지하고 다른 앱으로 전환하지 않고 배경에서 영상을 동기화하게 내버려둔다. 하지만 그것은 라이트룸 모바일에 동기화한 영상이 보이지 않는 경우에 시도해보자). 영상을 동기화한 후에는(영상 파일은 Grid 보기 화면 섬네일 오른쪽 상단에 작은 필름스트립 아이콘이 있다) 재생만 가능하며, 하단의 [Action] 항목들은 회색으로 비활성화된다.

컬렉션을 영상으로 자동 변환하기

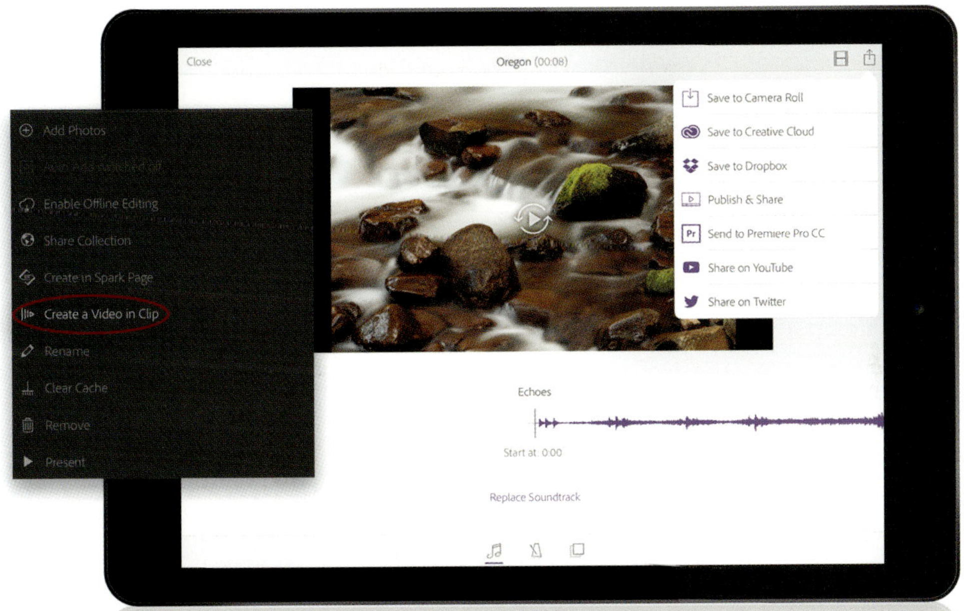

어도비사의 Premiere Cilp 앱을 사용하면 라이트룸 모바일에서 컬렉션을 영상으로 자동 변환할 수 있다(이 기능은 현재 iOS 운영체제에서만 사용이 가능하다). Collection 보기 모드에서 영상으로 변환할 컬렉션의 오른쪽에 있는 세 개의 점을 탭하고 '**Create a Video in Clip**'을 탭한다(Premiere Cilp을 아직 다운로드 하지 않았다면 App Store 페이지로 자동 전환한다). 앱을 실행하고 어도비 ID로 로그인하면 영상을 만들기 시작한다. 이 앱은 영상 변환뿐만 아니라 무료 배경음악을 추가하고 사진들의 전환 길이까지 음악에 자동 조절한다. 그리고 잠시 후 영상이 완성되고 탭해서 재생하면 된다. 화면 하단에 있는 세 개의 아이콘은 영상 편집 기능들이다. 앱에서 자동 선택한 배경음악이 마음에 들지 않는다면 음표 아이콘을 탭하고 'Replace Soundtrack'을 탭해서 내장된 라이브러리에서 다른 음악을 선택한다. 선택한 배경음악이 너무 빠르거나 느리다면 메트로놈(metronome) 아이콘을 탭하고 [Pace] 슬라이더를 드래그해서 속도를 조절한다. 사진의 순서를 바꾸고 싶다면 세 번째 아이콘을 탭하고 사진을 탭하고 드래그해서 원하는 순서로 배치한다. 이제 영상 중앙에 있는 재생 아이콘을 탭해서 바꾼 설정을 확인한다. 결과가 만족스럽다면 오른쪽 상단 모퉁이의 위를 향한 화살표 형태의 [Share] 아이콘을 탭하고 'Save to Camera Roll'을 선택해서 저장한다. 라이트룸 모바일로 돌아와 Collection 보기 모드 화면 하단의 'Camera Roll'을 탭하고 영상을 불러온다. 영상이 보이지 않는나면 Camera Roll 화면 오른쪽 상단의 세 개의 점을 탭하고 'Videos'를 탭해서 영상 기능을 활성화해서 불러온다.

고화질 버전 다운로드하기

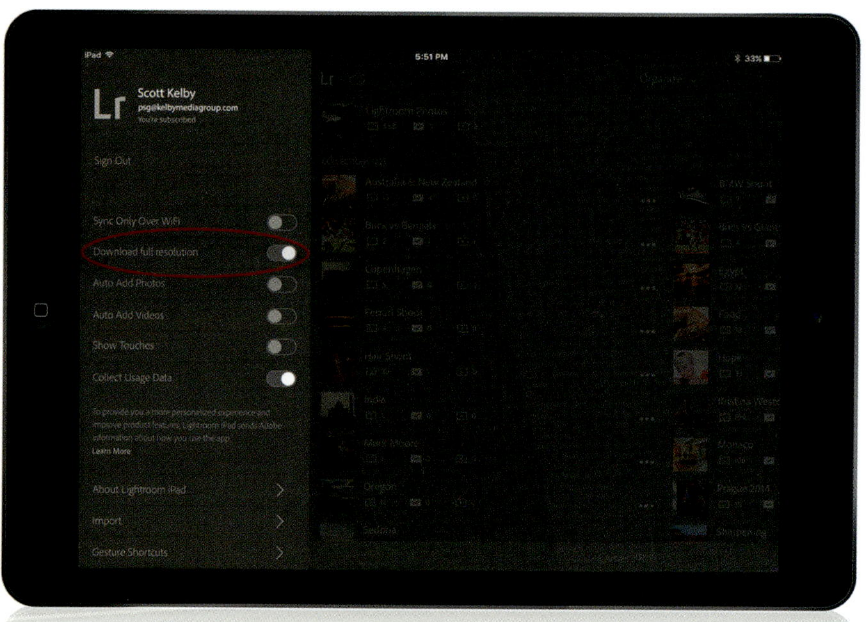

DSLR이나 미러리스 카메라로 촬영한 RAW 형식 사진을 카메라의 메모리 카드로부터 바로 휴대전화나 태블릿의 라이트룸 모바일로 불러온다면(RAW 형식 사진 작업에 대해서는 71페이지 참고) 물론 데스크톱의 라이트룸에도 자동으로 동기화된다. 그러나 기본적으로 RAW 사진을 휴대전화나 태블릿으로 불러오면 원본 대신 RAW 이미지에서 렌더링한 스마트 프리뷰를 보낸다. 고화질 버전을 다운로드 하고 싶다면 Collection 화면 왼쪽 상단 모퉁이에 있는 [LR] 아이콘을 탭해서 사이드바를 열고 'Download Full Resolution'을 탭해서 활성화한다(현재 이 기능은 iOS 운영체제 기기에서만 사용이 가능하다). 이제 모바일 기기에도 RAW 사진을 보낼 것이다. 그런데, 라이트룸 모바일로 불러온 RAW 사진의 편집을 끝내고 데스크톱의 라이트룸과 동기화한 후에는 저장 공간을 차지하는 모바일 기기에 있는 RAW 사진을 삭제하는 것이 바람직하다.

공간이 부족하다면 캐시를 정리하자

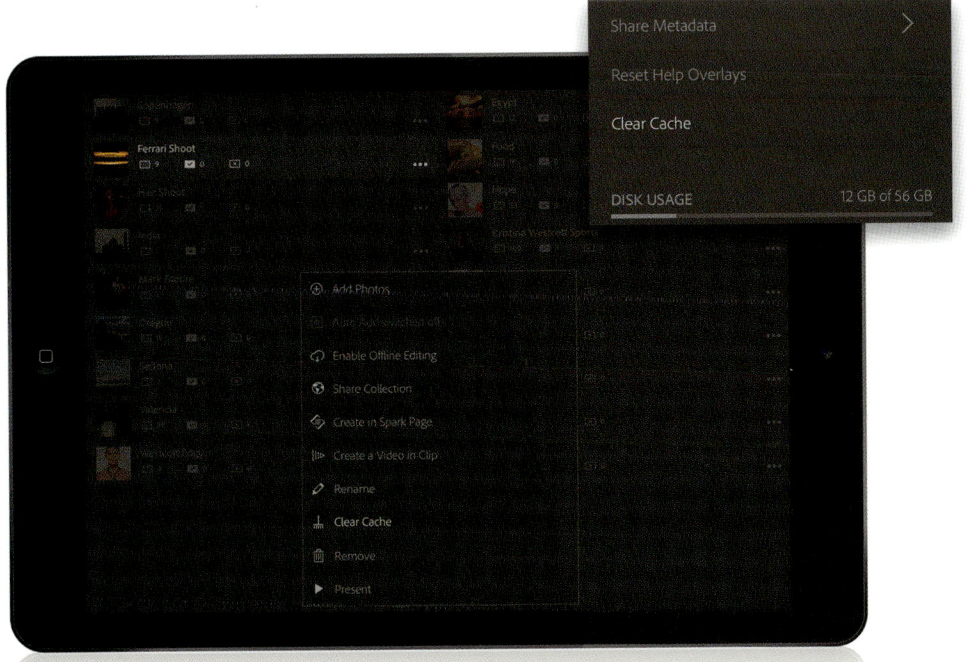

라이트룸 모바일은 최근에 본 사진들의 고화질 스마트 프리뷰를 캐시 파일에 저장한다. 그 방법으로 인해 Loupe 보기 모드에서 사진을 확대해서 보기 위해 섬네일을 탭하면 사진이 즉시 나타난다. 이러한 프리뷰 사진들은 큰 저장 공간을 차지하기 때문에 차후에 모바일 기기의 저장 공간이 부족한 경우가 생긴다면 한두 개의 캐시를 정리해서 공간을 확보하자(개인 컬렉션이나 라이트룸 전체의 캐시를 정리하는데 그러한 경우에는 더 큰 공간을 확보할 수 있다). 개인 컬렉션의 캐시를 정리하려면 Collection 모드에서 컬렉션 이름 옆에 있는 세 개의 점을 탭하고 팝업 메뉴에서 '**Clear Cache**'를 선택한다. 그러면 작은 팝업 대화창이 그 파일들을 제거하면 확보할 수 있는 공간의 크기를 알려주며 'Clear'를 탭해서 실행한다. 라이트룸 전체의 프리뷰 캐시를 제거하고 싶다면 Collection 보기 모드에서 화면 왼쪽 상단 모퉁이의 [LR] 아이콘을 탭해서 사이드바를 열고 최하단에 있는 'Clear Cache'를 탭한다. 캐시를 정리하면 사진을 탭해서 Loupe 보기 모드 크기로 확대할 때 렌더링 시간이 약간 소요된다.

찾아보기